主编 / 吕旭峰　林成华

科教发展评论

REVIEW ON SCIENCE, TECHNOLOGY & EDUCATION DEVELOPMENT

第十辑

ZHEJIANG UNIVERSITY PRESS
浙江大学出版社
·杭州·

图书在版编目（CIP）数据

科教发展评论. 第十辑 / 吕旭峰，林成华主编. —
杭州：浙江大学出版社，2023.9
ISBN 978-7-308-24221-9

Ⅰ.①科… Ⅱ.①吕… ②林… Ⅲ.①高等教育—中
国—文集 Ⅳ.①G649.21-53

中国国家版本馆 CIP 数据核字（2023）第 178673 号

科教发展评论（第十辑）

主编　吕旭峰　林成华

责任编辑	李海燕	
责任校对	董雯兰	
封面设计	雷建军	
出版发行	浙江大学出版社	
	（杭州市天目山路 148 号　邮政编码 310007）	
	（网址：http://www.zjupress.com）	
排　版	杭州青翊图文设计有限公司	
印　刷	杭州高腾印务有限公司	
开　本	787mm×1092mm　1/16	
印　张	7	
字　数	175 千	
版 印 次	2023 年 9 月第 1 版　2023 年 9 月第 1 次印刷	
书　号	ISBN 978-7-308-24221-9	
定　价	32.00 元	

目　录

01　　　　　　　　　　　　**治理研究**

01　　许士荣　赵泽源　权力冲突与制衡视野下大学内部治理体系的变革路
　　　　　　金新玲　　径——基于英国曼彻斯特大学的研究

10　　王绽蕊　张　涵　理想与现实：地方"双一流"大学本科生参与课程治
　　　　　　　　　　理现状调查分析

27　　　　　　　　　　　　**发展战略**

27　　周　娜　李　辉　"离心型"和"向心型"大学数字化建设路径对比分
　　　　　　　　　　析——以澳大利亚麦考瑞大学和丹麦奥尔堡大学
　　　　　　　　　　为例

41　　　　　　沈黎勇　"双一流"高校教育基金会多元化筹资：理论内涵、问
　　　　　　　　　　题透视与创新路径

49　　汤　凝　夏文莉　学科可持续发展能力：内涵和要素
　　　　　　张栋梁

61　　　　　　　　　　　　**人才培养**

61　　仝颖凯　徐晓飒　"双一流"高校基础学科拔尖创新人才培养的困境与
　　　　　　　　　　出路

72　　　　　　魏丽娜　校企联合培养如何影响工科博士生创新能力？——
　　　　　　　　　　基于系统文献综述的回顾与展望

87　　　　　　陈　浩　高校学生党支部提高组织生活质量的路径研究

99　　　　　　　　　　　　**工程教育**

99　　陈会民　王孙禹　我国与国际组织工程教育合作的路径构建及经验
　　　　　　　　　　启示

Contents

01   **Governance Studies**

01   Xu Shirong, Zhao Zeyuan, Jin Xinling   The Reform Path of University Internal Governance System from the Perspective of Power Conflict and Balances—Research Based on the University of Manchester

10   Wang Zhanrui, Zhang Han   Ideality and Reality: An Investigation of Undergraduate Participation in Curriculum Governance in Local "Double First-Class" Universities

27   **Development Strategy**

27   Zhou Na, Li Hui   Centrifugal Versus Centripetal Models: A Comparison of the Digitalization of Macquarie University and Aalborg University

41   Shen Liyong   Diversified Fundraising in Education Foundations of "Double First-Class" Universities: Theoretical Connotation, Problem Analysis and Innovative Path

49   Tang Ning, Xia Wenli, Zhang Dongliang   The Sustainable Development Capability of the Discipline: Connotation and Factors

61   **Talents Training**

61   Tong Yingkai, Xu Xiaosa   The Dilemma and Wayout in Training Top-Notch Innovative Talents of Basic Disciplines in "Double First-Class" Universities

72   Wei Lina   How does University-Enterprise Joint Training Affect Innovation Ability of Engineering PhD Students? — Review and Prospect Based on Systematic Literature Review

87   Chen Hao   Research on the Path of College Student Party Branch to Improve the Quality of Regular Organization Activity

99   **Engineering Education**

99   Chen Huimin, Wang Sunyu   The Path and Experience of Engineering Education Cooperation Between China and International Organizations

治理
研究

*Governance
Studies*

The Reform Path of University Internal Governance System from the Perspective of Power Conflict and Balances—Research Based on the University of Manchester

权力冲突与制衡视野下大学内部治理体系的变革路径——基于英国曼彻斯特大学的研究[①]

|许士荣|　|赵泽源|　|金新玲|

【摘　要】　大学内部治理体系的权力系统通常由行政权力和学术权力为主的多种权力构成,各种权力之间通过冲突与制约,维持权力系统和治理体系的动态平衡。在梳理英国曼彻斯特大学内部治理结构的基础上,本研究系统分析了内部治理的发展历程,深刻剖析了各种权力主体如何通过规则约束在权力冲突中实现制约和平衡。借鉴曼彻斯特大学内部治理经验,审视我国大学内部治理体系,发现管理权力正面冲突缺失,各种权力职责不清,权力缺位、越位和错位现象时有发生,权力相互制衡也有不足。通过规范冲突、权力制衡、权能结合、文化引领等变革路径,维持各种权力之间必要的张力,实现大学内部管理权力系统和治理体系的有序运转,推动我国高校朝着高水平大学的目标迈进。

【关键词】　权力;冲突;制衡;曼彻斯特大学;内部治理

① 本文系浙江工业大学校基金重点项目"'双一流'建设视野下我国地方高水平大学转型发展的困境与路径研究"(编号:SKY-ZX-20210226)的研究成果。

作者简介:许士荣,浙江工业大学政策研究室副主任,教育管理研究员,博士;研究领域为高等教育政策、博士后政策与院校管理。
　　　　　赵泽源(通信作者),曼彻斯特大学硕士研究生;研究领域为国际灾害管理、可持续发展。
　　　　　金新玲,浙江工业大学硕士研究生;研究领域为专业学位研究生教育政策、大学内部治理。

2015年10月，教育部发布《统筹推进世界一流大学和一流学科建设总体方案》，指出"完善高校内部治理结构"是我国高等教育体制改革的重点内容。大学教育的质量与大学治理的模式密切相关，因为治理所涉及的是权力，它与"谁掌权、谁决策、谁发言以及发言的声音大小"有关。曼彻斯特大学在英国大学中教育质量高的良好声誉经久不衰，其中的秘诀就在于其大学内部治理。[1]曼彻斯特大学是英国著名的高等学府，在世界上享有很高声誉，分析其内部治理体系中权力的运行轨迹，对于探索建设中国特色的世界一流大学建设有着重要的意义。

一、权力冲突与制衡：大学内部治理体系权力运行的应然场景

从大学内部治理体系权力运行的理想状态来看，图景是学术权力、行政权力等各种权力"你不犯我、我也不犯你"，大家各守其位、井然有序；但实际运行过程通常是各种权力相互交织"你中有我、我中有你"，冲突与矛盾不断，相互影响和制约，最终形成"你离不开我、我也离不开你""你不要过分、我也不会越界"的动态制衡发展格局。

（一）权力的概念

权力与人类文明相伴而生，遍布人们生活的每个角落。很少有什么词汇像"权力"一词一样，几乎不需考虑它的意义而又如此经常地被人们使用，像它这样存在于人类所有的时代。[2]权力作为一种客观存在，通常与政府、能力、权力、权威等概念紧密相关，依靠强制力作后盾，对他人的权利和行为产生影响和制约作用。马克斯·韦伯认为："存在三种类型的权威：'魅力型权威'——一种非凡的领导人的吸引力；'传统型权

威'——例如部落酋长的权威；'理性—法律型权威'。与其他两种本质上属于非理性的和超出法律范围的权威类型相比，后一种权威类型是理性的、法律的。因此，它在三种形式的权威中效率最高，并成为韦伯官僚制理论的基础。"[3]塞缪尔·亨廷顿认为："权力是一个人或群体改变另一个人或群体行为的能力。"[4]

（二）我国大学内部治理体系的权力运作模式

从大学最初起源来看，人才培养是其最基本职能。中世纪大学的规模都不大，文学、法学、医学和神学是作为传统"象牙塔"——大学的主要教学内容，对知识探究的学术权力占据核心地位。随着大学职能向科学研究和社会服务拓展和延伸，大学对社会发展的贡献度被大大强化了，其结构和组织形式也发生了重大变革，从事日常事务管理的行政权力日益凸显。美国高等教育专家伯顿·克拉克在《高等教育系统》一书中将扎根于学科的权力，即来自教授个人或教授团体的权力称为学术权力；将来自董事会的董事权力和学校行政管理层的官僚权力称为大学权力，也就是我们通常认为的行政权力。"因为大学内部学术活动的发展逻辑决定了：即使在高校管理日益民主化的未来，其他利益群体的权力，也难以真正地与学术权力和行政权力平起平坐。"[5]在我国大学内部治理体系中，除了占据主导地位的学术权力和行政权力，还有政治权力、学生权力等其他利益关系人的权力。从组织内部各种权力的相互关系来看，权力之间除相互配合的协作性，也存在相互冲突的对立性。我国大学内部治理体系存在权力冲突是由权力特性及大学组织特征决定。自古以来，人们都深知权力的负面效应，即一切有权力的人都容易滥用权力，直到有一定的边界为止。

大学作为一个创造知识、产生文明的学术性组织,学术权力是其最核心价值,但现代大学已经成长为一个"多元巨型",有诸多利益相关者组成的复杂系统,内部组织庞杂,结构功能多样,众多行政事务必须赋予大学特定行政权力。总之,大学"有组织无政府状态"的特性决定了其内部治理体系的权力运作模式必然是冲突与动态制衡的发展格局。

二、权力演变与透视:曼彻斯特大学内部治理体系权力运行的全景扫描

曼彻斯特大学始建于 1824 年,是英国最大的一所独立学院,也是一所专业、科系齐全的综合性大学,居 2022QS 全球大学排行榜第 27 位,2021 泰晤士高等教育全球大学影响力排行榜首位。

(一)曼彻斯特大学内部治理结构的总体概况

曼彻斯特大学的内部治理结构由相关的治理制度和一些治理机构组成,其中一些治理机构包括大学的官员和非专业成员。[6] 曼彻斯特大学的治理制度由大学的章程和相关规定构成,这些章程和相关规定对曼彻斯特大学的各机构与各管理人员的职责进行了限定,使他们按照规定各司其职。曼彻斯特大学的治理机构包括治理董事会(Board of Governance)、联合大会(General Assembly)、评议会(Senate)、学校董事会(School Boards)等部门[7]。

1.治理董事会

治理董事会是曼彻斯特大学的治理主体,它对该校的战略发展方向起到决定性作用。它负责学校的财务管理、财产管理、一般事务管理以及所有员工的雇佣工作,还要确保所执行的工作或者是代表各委员会以及校领导的工作都要符合学校的目标并且受到公众广泛的认可。治理董事会每年至少要举行五次会议。目前治理董事会 23 名成员中包括治理董事会主席、评议会成员、教职工与学生代表等,大多数是校外人员。所有校外人员必须具备专业技能,或在工业界、商业界有丰富的工作经验(其中至少有 1 名成员是教育专家),并能积极参与曼彻斯特大学的内部治理。[8] 审计和风险委员会、财务委员会、提名委员会、薪酬委员会以及人民委员会下设治理董事会并且都对其负责。[9] 此外,规划及资源委员会(PRC)作为主要的中央管理委员会,由曼彻斯特大学的校长和副校长担任主席,成员包括副主席、注册主任、秘书兼首席运营官、财务主任以及服务部门和学生的代表。该委员会负责制定年度计划、预算、绩效评估和问责周期、战略计划和年度大学预算的年度修订。

2.联合大会

联合大会是学校和赞助者的双向沟通渠道,学校通过该渠道向赞助者展示其所取得的成就,并且收到与大学业务方面有关的反馈和建议。联合大会成员和校友会成员,连同所有有资格担任退休职位的受薪教职工都可以作为选民,共同选举出荣誉校长。联合大会的规模相较于治理委员会要大许多,但与之相同的是它们大多数成员是校外人员,来自广泛的地区、种族和国家。他们从多角度和背景为大学提供丰富经验和专业知识。

3.评议会

评议会在曼彻斯特大学内部治理方面扮演着至关重要的角色。在治理董事会授权下,评议会作为大学主要学术权威,目前有 70 个成员,其中三分之一是当然成员,由学校学术管理人员担任,其余成员为学术成

员(教授和非教授)和学生代表。另外,评议会对于促进研究、规范和监督教学标准以及学生的纪律问题向治理委员会负责。

4.学校董事会

学校董事会的主要职责是确保学术人员在校内管理领域有相关发言权。董事会能够就影响学校工作的任何问题进行讨论并发表意见。他们为长期的学术人员提供一个有效论坛,在学院行政管理和战略发展中发挥着重要作用。除了从学校层面设置非常有效的管理架构和体系对整体运营进行内部控制外,也设置了完善的管理机构来加强对学院和系部的管理,从而使整个学校形成一个高效运转系统。在评议会和董事会的指导下,为保证曼彻斯特大学的学术资源和项目计划得到充分的利用与共享,学校下设三个学部:科学与工程学部,生物、医学和健康部,人文部。[10]在学部下设若干学院,学院为一个学术学科的集合,负责相应的学术学科工作。学院的成员还包括大学不时指派的学术、与学术有关及担任其他职位的成员。[11]每个学院都有一个董事会,每个董事会的核心成员由学校内的常设学术人员组成,其中"长期"定义为任期一年或更长时间。[12]各个学院的工作和事务应由院长指导,院长任期及任职条件由校董会决定,最初任期不得超过五年,可以连任。此外,在曼彻斯特大学的内部治理中,各类委员会和特定人员发挥着重要的协调作用,具体为:一,通过各类委员会进行治理协调;二,通过主要负责人身兼数职起到沟通作用。[13-14]

(二)曼彻斯特大学内部治理体系的发展历程

长期以来,尽管经历了近代大学的"新大学运动"和第二次世界大战后大学规模的扩张,但是"精英教育"始终是英国高等教育的主导模式。为改变这一现状,政府推出了对高等教育发展产生极其深远影响的《罗宾斯报告》[15]。强调"应为所有在能力和成绩方面合格的、愿意接受高等教育的人提供高等教育课程",推动了英国高等教育向大众化转型。1992年,议会通过了《继续教育和高等教育法》,决定废除高等教育双轨制,建立单一的高等教育框架。[16]在此背景下,曼彻斯特大学的内部治理也走过了一个从"外行治理"到"共同治理""权力平衡"的不同发展模式。

1."外行治理"模式

曼彻斯特大学由1824年成立的曼彻斯特理工大学和维多利亚大学于1851年合并而成。早期曼彻斯特大学的治理模式为学院治理模式,学校大权掌握在校务委员会手中。这些人并不是大学专业人士,大多数都是大学创办者,还有一部分人是大学主办者以及地方议员。因此,其治理方式随着大学教育发展不断遭到挑战,大量专业人员要求学术自治,通过争取学术自治权来推动学术发展。面对学术人员压力,"外行治理"模式慢慢变成"共同治理"模式。

2."共同治理"模式

在"共同治理"模式下,大学校务委员会不再独揽大权,而是与专业人员一起参与学校治理,从而保障学校健康发展。随着"共同治理"模式普及,新问题也慢慢显现出来。因为整体还处于摸索阶段,整个治理方案随着各种报告的产生而不断地调整,以至于出现了新老两种治理方案。新老两种治理方案在1992年前建立的"老大学"和之后建立的"新大学"之间产生差别,老旧大学和新大学在治理方面权力分配不同。在老旧大学中,学术人员权力大于其他人员,行政权力会出现比较弱的现象。虽然学术人员权力比较强势,但是对于经费问题又不能作为控制方,因此会出现学校接近破产甚至直接破产的情况。由于行政权力界定没有一个确定说法，对于老旧大学出现的问题，在新大学中有所解决。但是在新大学中，行政权力又调整过度而大于学术权力，导致新大学中行政权力出现滥用情况，过多干预了学术自由，产生权力过度干预学术问题，从而影响大学的学术发展。一系列过度调整和不平衡现象不断影响着大学的有效治理。

3."权力平衡"模式

由于大学教育在办学过程中既想保持大学学者自治，又想保证资金经费不出现问题，专家不断地提出解决办法和解决方案，因此慢慢地形成了"权力平衡"模式，即无主次的治理结构。在当时，专家只是尝试在理论上讨论无主次的治理结构是否可行，并没有付诸实际操作。因为实际操作所要考虑的问题过多，同时没有领头的协调人员，所以后面经过很久的讨论才付诸实践。当前曼彻斯特大学则是将这种治理结构用于操作层面，将责任分开，实现无主次的治理结构，并成功地执行。虽然还是有一定的问题存在，比如，内外行所占的比例仍无法以非常均衡的方式分配，但是在理论产生的过程中，英国的管理人员已经完全意识到学术人员是大学内部治理不可或缺的一部分了，这也为后面建设更好的治理结构打下了坚实的基础。[17]

三、冲突与制衡缺失：我国大学内部治理体系权力运行的实然状况

从权力冲突与制衡的视角来看，一个组织权力系统内部，各种权力之间应该形成必要的张力，通过正面冲突，达到权力的相互制衡。以此来观照我国大学内部治理体系权力运行的轨迹，行政权力过分强势的状况依然比较突出，该有的正面权力冲突不够，权力制衡没有充分发挥作用。

（一）正面的权力冲突没有完全建立起来

大学发展通常要遵循内外部发展规律。随着大学与政府、社会、企业等外部经济社会发展紧密度的增强，传统的学术权力的领地受到不断的挑战。"在世界范围，就大学整体而论，当前的主要矛盾是大学的学术权力被侵蚀，大学正在沦为一种官僚机构，大学的基本使命——追求真理——受到威胁。"[18]我国大学内部治理体系中行政权力影响力过大，渗透到治理的各个角落；许多学术委员会被置于行政机构下，学术权力发挥的空间受到严重挤压；行政权力与学术权力的权限与职责边界不清，正面冲突不够，这些状况与建设现代大学制度形成较大反差。"当前，我国大学的学术权力依附于行政权力，而行政权力与政治权力相结合，三权合一的结果就是我国大学过度行政化。"[19]"党委领导、校长负责、教授治学、民主管理"是我国大学内部治理的规范模式。多年来我国大学内部治理的改革也在朝着这个方向不断探索与实践，但各种权力之间的矛盾依然不断，权限不清带来职责不分，权力的失位、越位与错位交织在一起，正面冲突没有完全建立起来。由于对党委的具体决策和执行缺乏细致的划分，造成了权力与职责的错位。党委拥有学校重大事务的最高决策权，一旦发生决策失误，作为执行方的校长却要承担很大的责任。[20]在学术权力系统内部，由于权力冲突和制约机制很多时候没有建立，学术权力滥用与学术权力不足交织在一起，呈现"大树底下好乘凉""大树底下不长草"并行的现实学术困境。

（二）权力制衡没有达到应有的高度

不同的权力在同一个权力系统中，面

对矛盾和冲突,需要沟通、协商与合作,最终达成一定程度的相互妥协,从而维持权力系统的动态平衡。冲突与制衡作为大学内部治理体系中权力规范运行的两个衡量维度,如同一枚硬币的两面,相互影响。权力正面冲突建立不起来,一方对另一方具有压倒性优势,另一方没有足够空间和话语权,形不成力量的对峙,很难做到权力的相互制衡;同样,因为权力制衡力量的缺失,容易导致权力系统中一方权力"一家独大""一手遮天",对其他权力形成排他性挤压态势,力量的不对称导致正面权力冲突自然建立不起来。我国大学内部治理体系各种权力运行过程中,权力正面冲突缺失导致相应的权力制衡没有达到应有的高度,往往流于形式,如学术权力面对行政权力的越界、关键时候的不作为与乱作为,往往安于现状、忍气吞声,没能形成有效的抵制;行政权力针对学术权力的失范、滥用,很多时候也拿不出有效的针对性办法,往往形成"高高举起、轻轻落下""一放就乱、一管就死"格局。

四、冲突与制衡优化:我国大学内部治理体系权力运行的理性选择

规范权力运行轨迹,让权力在预先设定的框架里有序运行是政策制定的理性选择。我国大学内部治理体系权力运行既受我国大学内部系统小循环影响,也受我国高等教育管理体制改革和整体政治体制改革、教育体制改革等外部系统大循环制约。借鉴英国曼彻斯特大学内部治理体系的经验,可探索权力冲突与制衡的优化机制。既要利用权力冲突机制,发挥正面权力冲突、对峙与制衡的功效,也要将冲突控制在有限的范围之内,避免权力冲突负面效应的外溢与扩散。

(一)立足中国国情,积极探索具有中国特色的大学内部治理体系

英国高等教育学家阿什比指出,"任何类型的大学都是遗传与环境的产物",大学"像动物和植物一样地向前进化"[21]。大学内部治理体系的构建也是如此,既要遵循现代大学治理的基本规律和发展趋势,又要跳出大学看大学的发展,将大学置于整个社会发展的宏观背景下去规划和考量。党的二十大报告指出,中国式现代化,是中国共产党领导的社会主义现代化,既有各国现代化的共同特征,更有基于自己国情的中国特色。因而,我国大学内部治理体系改革的深化要服务国家和时代发展大局,根据新时代中国特色社会主义教育现代化的要求,扎根中国大地,各权力主体、各利益相关者通过合作协商、协同共治等方式,构建具有中国特色的多元主体协同共赢、包容发展的治理体系。

(二)规范权力冲突,以章程建设为统领完善现代大学制度

毋庸置疑,冲突是组织存在和发展过程中的常态。正如马克思主义基本学说常常将矛盾当作事物发展的根本动力,矛盾从某种程度上讲,也是一种深层次的冲突。"一个允许、容忍并能正确对待冲突存在的组织,才表明它自身具备一种对内部多元的价值和行为方式的认同的宽松环境,有利于消除彼此间的恶性对抗,增强成员对组织的归属感;相反,否认、忽视、嫌弃冲突存在甚至压制冲突,只会加剧组织内部潜在的紧张,导致组织最终的瓦解。"[22]章程是一所大学的"宪法",通过章程建设,完善规章制度,规范权力冲突,是建设现代大学制度的有效途径。我们利用权力冲突机制,不是不要约束的如脱缰野马、横冲直撞的权力运行模式,而是在理性的框架下,倡导积极的、正面的

权力冲突与对峙。

(三)运用权力制衡,实现大学内部治理体系权力系统的高效运行

从理性的视角来看,不存在完美无缺的权力运行系统,所谓的良好权力运行体系只是一个相对的概念。曼彻斯特大学对权责的规定细致入微,各种制度对于权力施行与管理有着明确的规定,每一个主体都根据制度办事。通过对各权力主体职责的明确规定与各权责的清晰划分,权力主体多而不乱,既保障了办事效率又有利于决策的科学性。[23]为加强对规模庞大的三个学部办学的指导,曼彻斯特大学在各学部内部均派驻了一名运营总监,代表学校专职监督其管理运行。[24]我国大学内部治理体系的权力主体职责应划分明晰,每个权力主体在自己权力范围之内行使有限的权力,从而实现整个权力系统的动态平衡。

(四)深化权能结合,结合人事制度改革实现权力、职责和能力的高度一致

人事制度改革是我国大学内部治理体系的重要环节,常常起到牵一发而动全身的功效。冷冰冰的规章制度最终要靠人去执行,因而深化权能结合和优化人岗匹配,对不同的人实施分类管理,让适宜的人干合适的事显得尤为重要。"几乎全世界的大学管理人员都是分两类进行管理的:纯粹的管理干部是从行政体系聘用的,实行的是职员制的管理;业务干部主要是从学者中推举的。由此以教授为主体的学术权力在高校的干部队伍建设中成为重要的制衡力量。"[25]让具有不同能力的人找到适合自己的发展跑道,充分激发不同权力主体的主观能动性和创造性,是不同层次大学人事制度改革的共同核心取向。

(五)坚持文化引领,着力打造具有高度凝聚力和向心力的"共同体文化"

当今世界正经历百年未有之大变局,国际国内发展环境日趋复杂,不稳定性、不确定性明显增强,社会归属感和认同感正经历重大调整,需要通过主流价值观的弘扬,引导人们重新找到合理定位。我们常说,三流大学的治理靠校长,二流大学的治理靠制度,一流大学的治理靠文化。大学作为"从事高深知识探究的场所",文化属性是其显性标识,各种权力都是在这个特殊的亚文化系统中发挥功能和作用,不同的大学文化对权力的运作模式有着潜移默化的影响和作用。通过文化引领,打造具有高度凝聚力和向心力的"共同体文化",可以减少各种权力之间的无端内耗,无形中约束各种权力按照传统和惯例循规蹈矩、按章办事,有利于整体形成规范有序的权力运行体系。

参考文献

[1] 王孝武,朱镜人.英国大学内部治理模式的历史演进路径[J].河北师范大学学报(教育科学版),2015,17(4):107.

[2] 加尔布雷思 J.权力的分析[M].陶远华,苏世军,译.石家庄:河北人民出版社,1988:1.

[3] 休斯 O E.公共管理导论[M].3版.张成福,王学栋,等译.北京:中国人民大学出版社,2007:24.

[4] 亨廷顿 S P.文明的冲突与世界秩序的重建[M].周琪,刘绯,张立平,等译.北京:新华出版社,2002:78.

[5] 谢安邦,阎光才.高校的权力结构与权力结构的调整:对我国高校管理体制改革方向的探索[J].高等教育研究,1998(2):22.

[6] EDWARDS-SCHACHTER M, GARCÍA-GRANERO A, SÁNCHEZ-BARRIOLUENGO M, et al.

Disentangling Competences: Interrelationships on Creativity, Innovation and Entrepreneurship[J]. Thinking Skills and Creativity,2015,16:27-39.

[7] BROWN R. Mutuality Meets the Market: Analysing Changes in the Control of Quality Assurance in United Kingdom Higher Education 1992—2012[J]. Higher Education Quarterly,2013,67(4):420-437.

[8] SIMON J. The Reformation and English Education[J]. Past & Present,1957,11(1):43-56.

[9] MORRIS M H, WEBB J W, FU J, et al. A Competency-Based Perspective on Entrepreneurship Education:Conceptual and Empirical Insights[J]. Journal of Small Business Management,2013,51(3): 352-369.

[10] LANS T,BLOK V,WESSELINK R. Learning Apart and Together:Towards an Integrated Competence Framework for Sustainable Entrepreneurship in Higher Education[J]. Journal of Cleaner Production, 2013,62:309-318.

[11] HEXTER J H. The Education of the Aristocracy in the Renaissance[J]. The Journal of Modern History,1950,22(1):49-72.

[12] MITCHELMORE S,ROWLEY J. Entrepreneurial Competencies of Women Entrepreneurs Pursuing Business Growth[J]. Journal of Small Business and Enterprise Development,2013,20(1):125-142.

[13] GAGLIO C M, KATZ J A. The Psychological Basis of Opportunity Identification: Entrepreneurial Alertness[J]. Small Business Economics,2001,16:95-111.

[14] FIETJ O. The Theoretical Side of Teaching Entrepreneurship[J]. Journal of Business Venturing,2000 (1):5-24.

[15] CRESSY D. Educational Opportunity in Tudor and Stuart England[J]. History of Education Quarterly, 1976,16(3):301-320.

[16] STONE L. Social Mobility in England,1500—1700[J]. Past & Present,1966,33(1):16-50.

[17] STONE L. The Educational Revolution in England,1560—1640[J]. Past & Present,1964(28):41-80.

[18] 王英杰.大学学术权力和行政权力冲突解析:一个文化的视角[J].北京大学教育评论,2007(1):63.

[19] 潘春胜.协同共赢:现代大学治理的新趋势[J].教育发展研究,2014,34(21):45.

[20] 吴青峰.现代大学内部治理结构构建探讨[J].高等理科教育,2013(5):15-18.

[21] 阿什比 E.科技发达时代的大学教育[M].滕大春,滕大生,译.北京:人民教育出版社,1983:114.

[22] 阎光才.识读大学:组织文化的视角[M].北京:教育科学出版社,2002:117-118.

[23] 李超.曼彻斯特大学内部治理结构特征[J].世界教育信息,2016,29(15):29.

[24] 王永林.世界一流大学跨学科学术活动的组织运行机制研究:以曼彻斯特大学为例[J].高等理科教育,2023(1):35.

[25] 陈玉琨,戚业国.论我国高校内部管理的权力机制[J].高等教育研究,1999(3):41.

The Reform Path of University Internal Governance System from the Perspective of Power Conflict and Balances— Research Based on the University of Manchester

Xu Shirong, Zhao Zeyuan, Jin Xinling

Abstract: The power system of the internal governance system of a university is usually composed of multiple powers, which maintain a dynamic balance between the power system and governance system through conflicts and constraints. On the basis of combing the internal governance structure of the University of

Manchester, the study systematically analyzes the development of internal governance, and reveals how various power subjects achieve restriction and balance in power conflicts through rule constraints. With the experience of the University of Manchester's internal governance for reference, it reviews the internal governance system of Chinese universities, with its lack of positive conflict of management power, unclear responsibilities of various powers, their omission, overstepping and dislocation often occur, and the mutual checks and balances are also insufficient. It is necessary to maintain the tension between various powers, achieve the orderly operation of the university's internal management power system and governance system, and promote China's universities towards the goal of high-level universities through such transformation paths as normative conflict, power checks and balances, integration of power and capability, and cultural guidance.

Keywords: Power; Conflict; Checks and Balances; University of Manchester; Internal Governance

治理
研究

Governance
Studies

Ideality and Reality: An Investigation of Undergraduate Participation in Curriculum Governance in Local "Double First-Class" Universities

理想与现实:地方"双一流"大学本科生参与课程治理现状调查分析①

|王绽蕊| |张　涵|

【摘　要】　师生共治的课程治理结构是建设一流本科教育的基石,学生参与课程治理是构建师生学习共同体的重要路径。本文通过对两所地方"双一流"大学本科生参与课程治理现状的调查发现,当前本科生参与课程治理的意愿十分强烈,师生共治的课程治理结构正在形成,但尚未形成成熟的模式。"双一流"大学急需以制定专门的课程治理准则为抓手,以构建师生学习共同体为目标,对学生参与课程治理的现实需求作出高水平回应。

【关键词】　地方"双一流"大学;本科生;参与;课程治理

一、引言

发布于 2019 年 10 月 30 日的《教育部关于一流本科课程建设的实施意见》开篇直言:"课程是人才培养的核心要素,课程质量直接决定人才培养质量。"它要求高等学校"以新理念引领一流本科课程建设"[1]。

①本文系全国教育科学"十三五"规划 2018 年度国家一般课题(编号:BIA180201)的研究成果。

作者简介:王绽蕊(通信作者),北京工业大学文法学部高等教育研究院、首都工程教育发展研究基地研究员,教育学博士,硕士生导师,主要从事高等教育和比较教育研究。

张涵,北京工业大学硕士研究生,主要从事高等教育研究。

课程治理就是这样迫切需要引入的新理念，其中共同治理是课程治理理念的核心。1998 年 10 月，联合国教科文组织（UNESCO）在主题为"21 世纪的高等教育：展望与行动"的世界高等教育大会上提出："在日新月异的世界上，高等教育需要以学生为中心的新视角和新模式……应把学生的需求作为高等教育关心的重点，并把他们看作是高等教育改革的主要参与者；应把学生视为高等教育关注的焦点和主要力量之一，并通过适当的组织结构让他们参与教育革新和决策。"[2] UNESCO 的这一表述充分肯定了学生是大学共同治理结构的重要主体，意味着学生有权参与包括课程治理在内的大学治理。但"在传统的大学课程建设过程中，基本上遵循的是一种学科主义逻辑和行政中心主义逻辑"[3]123，我国高校几乎没有"课程共同治理"的概念，课程建设在很大程度上只是课程权威或行政权威的单独行动，学生参与课程治理对我国高校来说还是一个亟须探讨的新课题。

按照教育部的总体部署，"'双一流'建设高校要率先建设一流本科课程"[1]。相对于中央部属"双一流"建设高校来说，地方"双一流"大学自成一个体系。对地方"双一流"大学本科生参与课程治理的调查研究有助于了解我国地方"双一流"大学课程建设现状，对于探讨这些大学的课程建设质量改进路径具有重要的现实意义。因此，本文对两所地方"双一流"大学本科生参与课程治理现状与问题进行了问卷调查，从共同治理视角出发，探讨这些大学本科生参与课程治理的现状与存在的问题，以期为我国地方"双一流"大学从完善课程治理角度提升一流本科教育质量提供参考。

二、文献回顾

虽然学生参与大学治理的历史相当悠久，但学生参与课程治理这一问题并未受到充分的关注。事实上，大学生有强烈的参与课程治理的愿望。阿尔夫·利齐奥（Alf Lizzio）和凯蒂娅·威尔逊（Keithia Wilson）的研究发现，学生代表愿意在课程（如必修课和选修课的平衡）、教学质量（如课程和教师的问题、辅导时间安排）、评估实践（如协调作业到期日、澄清剽窃政策）、管理问题（如公平问题、信息可用性、咨询人员可用性）、物理环境（如设施和设备的使用、教室条件）以及课外活动等等方面向学校或学院（系）提出一系列存在的问题与改进的建议。[4]

对于高等学校应如何回应学生参与课程治理的需求，不同的人有不同的观点。有人认为，学生专业知识有限，参与课程和教学的开发不仅不合理，而且不利于课程的开发。[5] 持相反观点的人认为，在高等教育中学生与教师是伙伴关系，要把学生视为教育体验的信息提供者[6]，强调学生要"与教师一起工作，调动他们对学校的知识，使学生成为学校文化和规范变革的推动者"[7]。波维尔（Catherine Bovill）和布里（Catherine Bulley）认为学生是教学方法和课程的共同创造者，他们将学生参与课程治理的程度分为八个梯级，并将参与阶梯理论应用于课程开发领域。[8] 这也意味着如果师生之间展开真正的合作、共同参与课程建设，主张学生必须适应新的"权力动态"，教师必须"通过与学生伙伴分享权力来信任他们，而不是对他们施加权力"[9]。事实上，"现代课程理论之父"拉尔夫·泰勒早就强调要把学生当作积极能动的、有目的的人，对 20 世纪 60 年代美国大量课程项目通常由学科专家确定目标，很少关注学生的兴趣和需要的做法提出了批评。[10]28 泰勒晚年回顾 25 年前出版的《课程与教学的基本原理》时表示，他比那时更加强调学生的介入对课程编制的意义[10]116，"凡有可能和合适的机会,应让学生参与课程的设计和评价"[10]120。

多主体参与课程决策过程是"课程治理"这一概念的核心要义。"理想的大学课程治理就是希望在高校管理者、教师、学生与社会企业之间达到一种多方面合作状态,从而达成一种多边关系的协同效应。"[3]121黄福涛也认为,本科课程设计和开发需要研究人员、大学教育者、雇主、学生、专业和行业团体、各级政府以及国际组织等利益相关者的积极参与,这是保证学士学位课程成功的重要前提条件之一。[11]这表明课程治理应该是一个共治结构。然而,在这个共治结构中,各治理主体之间的权力并不是完全平衡与对等的。教师是课程的直接生产者,因此应是课程治理的核心主体;学生是课程的重要体验人,在课程治理过程中应具有重要的话语权。[3]120师生共治是大学课程共治结构的核心。

学生参与课程治理的权力不能是无限的。正如亨利·罗索夫斯基(Henry Rosovsky)所说,学生有权参与与他们切身利益相关的事务,并代表学生群体发言,但在大学治理中,拥有知识和高深学问的人应该享有更大的发言权。[12]学生在课程治理中不应占据主导地位,"无论是学生参与度,还是学生满意度,都不能作为课程治理的根本目标"[3]120。

行政主导的课程治理是不可取的。菲利浦·凯瑞(Philip Carey)认为,高等教育机构需要抵制管理主义者的冲动,灵活应对管理系统的制度障碍,为学生和教师之间有意义的互动创造制度环境[13]。凯·利文斯顿(Kay Livingston)等人指出,大学课程决策容易受到历史、意识形态、文化、政治经济、理论和实用主义的相互作用等多种因素的影响,但无论如何都应为利益相关者就课程内容和实施作出共同决策创造条件[14]。

三、问卷设计与实施

(一)"双一流"大学课程治理的理想样态和现实需要

上文梳理了国内外学者关于课程治理的重要观点,但这些观点没能很好地回答这样一个问题:既然师生共治的课程治理结构不是一个平衡与对等配置的权力结构,教师是这个治理结构的核心,且处于主导地位,那么什么样的学生参与模式才有助于实现有效的课程治理? 在从"课程管理"到"课程治理"的理念转换过程中,对"双一流"大学课程治理理想样态的展望和现实需要决定了我们审视这一问题的视角和方法。

我们认为,"双一流"大学的课程治理应具有如下几个方面的特征。

1. "双一流"大学的课程治理应努力实现"师生共治"

共治,即"共同治理"(shared governance)。该理念的正式提出源自1966年美国大学教授协会(AAUP)、美国教育协会(ACE)和美国大学和学院董事会协会(AGB)联合发表的《学院和大学治理声明》,它倡导美国学院和大学里的董事、行政管理人员、教师、学生要适当地分担责任,共同参与大学治理。[15]共同治理在美国的成功实践使它成为英国、欧洲大陆和日本等国家和地区竞相效仿的大学治理模式。当前我国的教育政策也开始以共同治理理念指导教育改革实践。①"双一流"大学也应该顺应"共同治理"的时代潮流,积极吸纳利益相关者共同参与大学课程决策,尤其应积极落实学生参与课程治理的权力,构建"师生共治"的课程治理

---

① 例如,2020年7月,我国教育部出台《教育部关于进一步加强高等学校法治工作的意见》,希望通过强调高校全面落实"重大决策的师生参与、专家论证、风险评估、合法性审查和集体讨论决定的程序要求,确保决策制度科学、程序正当、过程公开、责任明确"。

结构。

2."双一流"大学应将构建师生学习共同体作为构建师生共治课程治理结构的最终目的

学生物理性的参与(比如派出代表参加座谈会、按教师要求提交改革建议等)并不一定能够起到改善课程质量的作用。只有基于信任的平等协商与合作而不是形式化和表面化的师生共治才能促成真正有意义的参与。换句话说,学生参与课程治理的最终目的是构建师生学习共同体,而不是形成形式化和表面化的共治结构。

"共同体"的概念最早出现于德国社会学家斐迪南·滕尼斯(Ferdinand Tönnies)发表于1887年的《社区和社会——纯粹社会学的基本概念》一书。美国教育家厄内斯特·博耶(Ernest Boyer)则在1995年首次提出了学习共同体的概念。他提出"学校教育最重要的是建立真正意义上的学习共同体",通过共同的学校教育目标,在共同的建设愿景下,学习共同体能把学生、教师和其他人员凝聚一起,所有的成员在这个学习共同体中分享学习资源、交流学习情感、分享学习体验,自由交流思想和知识,共同参与到知识探究的过程中,最终完成学习任务和学习目标,从而促进学生的综合性、多元化、全面发展和学校教育目的的实现。[16]应该说,教师和学生本就应是一个同呼吸、共命运的学习共同体,但形式化的参与、表面化的改革容易消磨彼此之间的信任,使师生在课程治理中的合作显得若即若离。有效的课程治理需要以构建师生学习共同体为终极目标,避免出现消解师生学习共同体的负面效果。

3."双一流"大学应将代表性、多元化和自愿性作为学生参与课程治理的重要原则

学生是课程的直接消费者和直接体验者,他们最为了解课程实施的质量和效果,在大学课程治理结构中的角色无可替代。但学生群体为数众多,绝大多数情况下难以实现全员参与,因此由代表参与课程治理,实施"代议制民主"就成为一种比较可行的替代方案。然而因为每个学生的个体课程体验和课程需求有可能存在较大的差异,课程代表的身份需要足够多元化。此外,因为并不是所有的学生都有参与意愿,学生参与课程治理还必须遵守自愿原则。

4."双一流"大学应重视对学生参与课程治理的准则引导和制度保障

大学是由从事不同学科专业教学科研与学习的人们组成的社区,学科专业性质的差异决定了这里有着多种多样的课程教学内容和组织与评价方式。抛开不同学科专业具体教学内容的差异不谈,人们如何认识课程、如何认识课程与学生、社会与国家发展的关系等基本观念决定着其如何认识和评价学生参与课程治理的意义与价值,不同学科专业在学生参与课程治理这个问题上有着共通价值,实践模式也不乏共性。

厘清大学不同学科专业之间有关学生参与课程治理的共通价值与原则以及具有共性的最佳实践做法需要在课程专家的参与下,经过各利益相关者之间的充分讨论并形成共识。如果学校、学院能够将这些共识以"学生参与课程治理准则"的名义固定下来作为学生参与课程治理的基本原则和行动指南,甚至将其核心要旨与学生参与课程治理的规则程序与制度安排纳入大学章程、学术委员会规程、学生会章程、班级管理规则等重要制度文本中,学生参与课程治理实践将获得完善的专业指导和制度保障,目前各个学科专业课程治理改革各自为政的局面和

低效、无序的状态也将会得到有力的扭转。

(二)调查问卷设计与实施

调查问卷是本研究用于收集数据的主要工具。为了确保问卷有较好的信度和效度,研究者深入分析了大学本科生参与课程治理的理想样态和现实需要,在此基础上拟定了问卷调查提纲,将其作为设计问卷题目和选项的指南(见表1)。

表1 问卷调查提纲

问卷基本结构	调查内容	题项内容	对应题项
被调查者 个人信息	可能引起参与结果差异的基本信息	性别	1
		年级	2
		学科门类	3
		专业层次	4
		专业培养方式	5
		学习排名	6
		学生干部任职情况	7
		政治面貌	8
认知与态度	被调查者对参与课程治理相关问题的认知与态度	当前总体课程质量	9
		影响大学本科生课程质量的主要因素	10
		课程安排产生的影响	11
		本科生是否有必要参与课程治理	12
		一流本科专业是否应该首先实现学生参与课程治理	13
		是否相信大学生有足够能力参与课程治理	14
		本科生参与课程治理是否有助于提高课程质量	15
参与现状	参与经历与体验	有无被问询课程满意度和修订意见的经历	16
		有无参与课程改革、课程修订的经历	17
		有无参与专业培养方案修订经历	18
		本科生参与课程治理的渠道是否畅通	19
		教师反馈情况	20
		所在院系的课程治理情况	21
		学校或学院面向学生公开课程治理信息情况	22
		学生参与课程治理的制度建设情况	23

问卷基本结构	调查内容	题项内容	对应题项
期望参与模式	参与权利、参与群体、参与内容、参与方式和途径	教师和学生应分别扮演什么样的角色	24
		哪些学生参与课程治理会取得比较好的效果	25
		是否希望有参与课程治理的权利	26
		您希望获得哪些有关课程治理的相关权利	27
		您想就什么问题参与课程治理	28
		您希望通过以下哪些方式参与课程治理	29
现实问题与改革方向	阻碍因素、院系和教师对学生参与治理的态度、改革方向	您希望通过哪些途径或渠道反映意见	30
		阻碍本科生参与课程治理的政策和制度因素	31
		阻碍本科生参与课程治理的组织管理因素	32
		阻碍本科生参与课程治理的个人因素	33
		所在院系教师对学生参与课程治理的态度	34
		学校课程治理的改革方向	35
开放题		关于大学生参与课程治理,您最想表达的观点是	36

参照指南要求完成问卷初稿编订后,先请1名高等教育专家(博士、研究员)审阅问卷并提出修改意见,同时又请了3名本科生就问卷题目与选项的可读性以及概念的可理解性提出审阅和修改意见。进行了大约20稿的推敲和修改之后,最终确定了问卷试测版本的内容。在这一过程中,比较大的文字修改是问卷中对本科生参与课程治理内容维度的表述。由于在实践中,大学本科课程决策主要围绕课程教学改进、专业培养方案修订和课程体系改革进行,因此本文将本科生参与课程治理在操作意义上界定为参与课程教学改进、专业培养方案修订和课程体系改革,但这样表述对于被调查者来说过于理论化、书面化。为便于被调查者理解,在设计问卷题项时进行了语言转换,将"参与课程教学改进"转换为"被问询课程满意度和修订意见的经历",将"参与专业培养方案修订"转换为"参与专业培养方案修订的经历",将"参与课程体系改革"转换为"参与课程改革、课程修订的经历"。

在问卷星平台随机抽取166名调查对象进行试测,根据试测反馈数据再次修订了问卷中的部分题目和选项。正式调查采用整群抽样和分层抽样相结合的方法,分别从两所地方"双一流"大学①的文科、理科、工科和艺术院系在校本科生中抽取近似比例的样本,最终从两所大学回收样本合计1780份,其中有效问卷1588份,有效问卷回收率为89.21%(见表2)。

---

① 这两所大学一所是工科为主的综合性大学,一所是师范大学。受大学学科类型影响,从两所大学抽取的样本学科分布不太均衡。

表 2　调查样本基本信息表

表 2　调查样本基本信息表

统计变量	选项	频数	百分比/%	累积百分比/%
性别	男	983	61.90	61.90
	女	605	38.10	100.00
年级	大一	195	12.28	12.28
	大二	685	43.14	55.42
	大三	508	31.99	87.41
	大四	200	12.59	100.00
学科门类	经济学	293	18.45	18.45
	法学	200	12.59	31.05
	教育学	211	13.29	44.33
	文学	130	8.19	52.52
	历史学	50	3.15	55.67
	理学	248	15.62	71.28
	工学	234	14.74	86.02
	管理学	61	3.84	89.86
	艺术学	148	9.32	99.18
	交叉学科(集成电路科学与工程、国家安全学等)	13	0.82	100.00
是否学生干部	是	1269	79.91	79.91
	否	319	20.09	100.00
合计		1588		

运用 SPSS 26.0 统计软件对问卷的信效度进行检验,显示该问卷的克隆巴赫(Alpha)系数为 0.905,KMO 值为 0.844,说明该问卷具有较高的信度和良好的效度,能够作为本调查的有效工具来使用。

四、调查结果统计分析

运用 SPSS 26.0 软件对抽样调查所得数据进行描述统计分析。统计指标主要包括本科生参与课程治理人数、层次、结构,参与机制的总量统计和参与课程治理的本科生在性别、年级、学科门类、专业层次、专业培养方式、学生干部任职经历、班级学习成绩排名、政治面貌等指标上的参与率比较。统计分析所得结果如下。

(一)被调查者对就读大学本科课程质量整体认可度较高,对参与课程治理有很高的热情

调查结果显示,认为当前所学课程总体质量"很高"和"比较高"的被调查者所占比例分别为 36.21% 和 40.05%,合计 76.26%,只有 2.46% 和 3.4% 的被调查者认为所学课程整体质量"很差"或"不太高",课程总体质量得到了较高程度的认可。但这并不意味着他们对改善课程质量没有诉求。在问卷列举的"当前影响大学本科课程质量的主要因素"中,除了"课程体系结构(包括通识课与专业课、必修课与选修课的比例等)设计不合理"响应率和普及率明显偏高、"学生评教难以真正有效促进课程与教学质量提高"的响应率和普及率较低之外,其他几项——

"课程目标与学生发展目标契合度较低""课程内容设计以教师专长为中心、脱离学生真实需求""教师教学过程中缺乏与学生互动,教学效果难以令人满意"——的响应率和普及率差异不大,且只有8.63%的被调查者认为题项中列举的影响因素"均不存在"(见表3)。

表3　影响课程质量的因素

选项	响应		普及率/%
	N	响应率/%	(n=1588)
课程目标与学生发展目标契合度较低	631	17.17	39.74
课程体系结构(包括通识课与专业课、必修课与选修课的比例等)设计不合理	987	26.86	62.15
课程内容设计以教师专长为中心,脱离学生真实需求	790	21.50	49.75
教师教学过程中缺乏与学生互动,教学效果难以令人满意	652	17.74	41.06
学生评教难以真正有效促进课程与教学质量的提高	471	12.82	29.66
以上情况均不存在	137	3.73	8.63
其他(请补充)	7	0.19	0.44
汇总	3675	100	231.42

绝大部分被调查者认为课程安排会对其当前的学习和今后的就业产生影响,其中83.51%的人认为课程安排会影响其学习兴趣,82.42%的人认为课程安排会影响其学习投入,83.56%的人认为课程安排会影响其学习收获(比如学习成绩、思维发展水平等),81.81%的人认为课程安排影响其就业能力。正因为如此,他们对参与课程治理有着很高的热情,其中79.79%的人认为本科生应该参与课程治理,78.02%的人认为国家级一流本科建设专业应该首先实现本科生参与课程治理。在所有的被调查者中,相

信本科生具有参与课程治理能力的人占到了77.27%,认为本科生参与课程治理有助于提升课程质量的人占到了70.47%。

(二)多数被调查者有参与课程治理的经历,学科门类、性别、班级成绩排名、职务身份和政治面貌可以在一定程度上影响本科生课程治理参与率

在接受调查的本科生中,有参与课程教学改进经历的占73.24%,参与过课程改革的占61.02%,参与过专业培养方案修订的占58.69%(见表4)。

表 4 本科生参与课程治理的频数分析

统计变量	选项	频数	百分比/%	累积百分比/%
参与课程教学改进	有	1163	73.24	73.24
	无	425	26.76	100.00
参与课程体系改革	有	969	61.02	61.02
	无	619	38.98	100.00
参与专业培养方案修订	有	932	58.69	58.69
	无	656	41.31	100.00
合　计		1588	100.0	100.0

为了更好地对样本统计量进行比较分析,我们引入了"差距"这一概念。这里的"差距"是指某类被调查者在一项统计指标上的参与率与其占调查样本总量之比的差。差值为正,表明该类被调查者在该项指标上的参与率高于其样本所占比例;反之,差值为负,表明该类被调查者在该项指标上的参与率低于其样本所占比例。在同一个统计指标上,差距的值越大,表明该类被调查者相对其他类别被调查者参与率越高。

通过比较"差距"的值,我们发现,整体而言,艺术学、法学等学科门类的本科生课程治理参与率略高于理学、管理学和工学等学科的本科生课程治理参与率(见表5)。

表 5 不同学科门类本科生的课程治理参与率

统计变量	学科门类										总计
	经济学	法学	教育学	文学	历史学	理学	工学	管理学	艺术学	交叉学科	
被调查者人数/人	293	200	211	130	50	248	234	61	148	13	1588
所占百分比/%	18.45	12.59	13.29	8.19	3.15	15.62	14.74	3.84	9.32	0.82	100
参与课程教学改进的人数/人	213	164	163	91	43	177	130	40	130	12	1163
所占百分比/%	18.31	14.10	14.02	7.82	3.70	15.22	11.18	3.44	11.18	1.03	100
差距/百分点	−0.14	1.51	0.73	−0.37	0.55	−0.40	−3.56	−0.40	1.86	0.21	
参与课程体系改革的人数/人	194	144	141	79	33	148	63	29	126	12	969
所占百分比/%	20.02	14.86	14.55	8.15	3.41	15.27	6.50	2.99	13.00	1.24	100
差距/百分点	1.57	2.27	1.26	−0.04	0.26	−0.35	−8.24	−0.85	3.68	0.42	

统计变量	学科门类										总计
	经济学	法学	教育学	文学	历史学	理学	工学	管理学	艺术学	交叉学科	
参与专业培养方案修订的人数/人	199	139	135	75	36	137	58	22	121	10	932
所占百分比/%	21.35	14.91	14.48	8.05	3.86	14.70	6.22	2.36	12.98	1.07	100
差距/百分点	2.90	2.32	1.19	−0.14	0.71	−0.92	−8.52	−1.48	3.66	0.25	

性别和职务身份对学生课程治理参与率有明显影响。在课程治理的各个层次上,男生的参与率都略高于女生的参与率(见表6),学生干部明显高于非学生干部的参与率(见表7)。

表6　不同性别本科生的参与率

统计变量	性别		总计
	男生	女生	
被调查者人数/人	983	605	1588
所占百分比/%	61.90	38.10	100
参与课程教学改进的人数/人	751	412	1163
所占百分比/%	64.57	35.43	100
差距/百分点	2.67	−2.67	
参与课程体系改革的人数/人	638	331	969
所占百分比/%	65.84	34.16	100
差距/百分点	3.94	−3.94	
参与专业培养方案修订的人数/人	606	328	934
所占百分比/%	64.88	35.12	100
差距/百分点	2.98	−2.98	

表7　学生干部与非学生干部的相对参与率

统计变量	学生干部		总计
	是	否	
被调查者人数/人	1269	319	1588
所占百分比/%	79.91	20.09	100

统计变量	学生干部		总计
	是	否	
参与课程教学改进的人数/人	969	194	1163
所占百分比/%	83.32	16.68	100
差距/百分点	3.41	−3.41	6.82
参与课程体系改革的人数/人	841	128	969
所占百分比/%	86.79	13.21	100
差距/百分点	6.88	−6.88	13.76
参与专业培养方案修订的人数/人	805	127	932
所占百分比/%	86.37	13.63	100
差距/百分点	6.46	−6.46	12.92

在不同的课程决策内容上,"年级"对本科生课程治理参与率的影响并未表现出完全的一致性。课程教学改进参与率由高到低依次是大三、大二、大一、大四,课程体系改革和参与专业培养方案修订参与率由高到低的年级分布态势相同,依次是大二、大一、大三、大四(见表8)。

表 8　不同年级本科生的参与率

统计变量	年级				总计
	大一	大二	大三	大四	
被调查者人数/人	195	685	508	200	1588
所占百分比/%	12.28	43.14	31.99	12.59	100
参与课程教学改进的人数/人	142	506	385	130	1163
所占百分比/%	12.21	43.51	33.10	11.18	100
差距/百分点	−0.07	0.37	1.11	−1.41	
参与课程体系改革的人数/人	135	447	306	81	969
所占百分比/%	13.93	46.13	31.58	8.36	100
差距/百分点	1.65	2.99	−0.41	−4.23	
参与专业培养方案修订的人数/人	137	436	287	72	932
所占百分比/%	14.70	46.78	30.79	7.73	100
差距/百分点	2.42	3.64	−1.20	−4.86	

(三)学生参与课程治理的方式依决策内容不同而有所不同,参与效果有待提高

学生参与课程教学改进的方式主要是非正式交谈、网上评教、座谈会,其响应率分别为38.72%、31.41%和29.12%,参与课程体系改革的方式主要是学院(学校)举办的座谈会、学院(学校)正式的课程改革大会、学生就课程问题自发形成的小组,参与专业培养方案修订的方式主要是学院(学校)举办的座谈会、学院(学校)正式的专业培养方案修订大会、学生就课程等问题自发形成的小组(见表9)。

表9 本科生参与课程治理的方式

	选项	响应		普及率/% (n=1588)
		N	响应率/%	
本科生参与课程 教学改进的方式	座谈会	470	29.12	29.60
	非正式交谈	625	38.72	39.36
	网上评教	507	31.41	31.93
	其他(请填写)	12	0.74	0.76
	汇总	1614	100	101.64
本科生参与课程 体系改革的方式	学院(学校)正式的课程改革大会	472	32.46	29.72
	学院(学校)举办的座谈会	614	42.23	38.66
	学生就课程问题自发形成的小组	359	24.69	22.61
	其他(请填写)	9	0.62	0.57
	汇总	1454	100	91.56
本科生参与专业 培养方案修订 的方式	学院(学校)正式的专业培养方案修订大会	573	37.02	36.08
	学院(学校)举办的座谈会	590	38.11	37.15
	学生就课程等问题自发形成的小组	378	24.42	23.80
	其他(请填写)	7	0.45	0.44
	汇总	1548	100	97.48

对于本科生针对课程建设提出的意见和建议,52.14%的被调查者表示"大部分情况下老师能够虚心听取,合理吸收",但也有高达33.56%的人表示"只有极个别情况下老师能虚心听取,合理吸收",还有8.69%的人表示"基本不能得到老师任何反馈"。55.23%的被调查者表示所在院系的课程治理情况是"师生相互合作、共同努力、广泛探讨",但也有高达29.47%的人表示"征求学生意见,但只是走走形式",还有14.74%的

人表示"没有征求学生意见,就修改了课程或者更改了专业培养方案"。

(四)本科生对参与课程治理有多种诉求,且更倾向于用非当面、非直接、非针对性的沟通方式表达诉求

首先,对参与内容的诉求。在"您想就什么问题参与课程治理"这一多选题中,半数以上的被调查者选择了"课程内容(包括教材、教学内容等)的选择"和"课程实施的方式(包括任课教师、授课方式、考核方式等)",超过40%的人选择了"课程体系结构(包括通识课与专业的比例、必修课与选修课的比例等)""学生评教(包括评价的方式、时间等)",也有一定比例的人选择"课程目标""时间课程要求""学分要求""毕业要求"等。

其次,对参与治理权力配置方式和权力类型的诉求。"教师和学生共同主导、共同参与"的课程治理模式最受被调查者欢迎,其后依次是"教师主导,学生参与""学生主导,教师参与""教师主导,无需学生参与"。60%左右的被调查者希望在课程治理中获得课程体系调整和专业培养方案修订过程的知情权、参与权、建议权。

再次,对于参与方式和渠道的诉求。半数以上的被调查者希望将班级群或微信等作为发表意见的平台,也愿意直接和教师一起参与院校课程改革或专业培养方案修订,或者由辅导员、班主任或任课教师代为转达意见,但只有不到三分之一的被调查者希望"直接与任课教师沟通"。网络平台、他人代为转达为非只当面、非直接沟通方式,参与课程体系改革和培养方案修订严格来说也不直接针对某位教师个人,由此可见,非当面、非直接、非针对性的沟通方式更受学生青睐。

(五)学生参与课程治理的诉求已获回应,但仍受多种因素制约

近75%的被调查者认为学校在课程治理相关事务中有听取学生意见、建议的惯例和传统,学校章程以及学术委员会规程中规定了学生可以参与与课程改革、专业培养方案修订相关的会议,学生会章程和班级规则规定了学生可以就课程实施、教学过程出现的问题提出意见和建议。近90%的被调查者表示学校或学院会通过某种方式公开大学课程教学以及课程改革或专业方案修订等方面的信息。

尽管如此,仍有相当一部分被调查者认为,国家缺乏对学生参与课程治理的政策引导、学校缺少课程信息公开的制度、大学章程中缺少关于学生参与课程治理的规定、学校保障学生参与课程治理的制度不够完善、学校缺乏学生参与课程治理的激励机制(响应率分别为 19.87%、21.54%、23.40%、20.76%和12.55%)等政策和制度因素(见表10),大学管理者观念保守、对学生缺乏信任、学生的主体地位未受到充分重视、学校对学生有关课程的诉求回应性差、学生会组织对课程问题不够重视、学校整体缺乏民主管理的氛围(响应率分别是 18.87%、22.19%、22.11%、21.62%和 13.35%)等组织管理因素(见表11),以及学生缺乏参与热情、缺乏责任感、缺乏权利意识和主体意识、缺乏参与动机、缺乏参与知识和能力、没有时间参与、对参与效果缺乏信心(响应率分别是 14.31%、15.93%、17.94%、16.33%、15.39%、11.43%和7.71%)等个人因素(见表12)阻碍了本科生参与课程治理。绝大部分被调查者认为学校和学院应树立学生有权参与课程治理的观念,努力开拓收集学生关于课程的意见和建议的渠道,创设与教师共同参与课程治理的制度,创造学生参与课程改革的文化氛围。

表 10　阻碍本科生参与课程治理的政策和制度因素

| 选项 | 响应 | | 普及率/% |
	N	响应率/%	(n=1588)
国家缺乏学生参与课程治理的政策引导	762	19.87	47.98
学校缺少课程信息公开的制度	826	21.54	52.02
大学章程中缺少关于学生参与课程治理的规定	897	23.40	56.49
学校保障学生参与课程治理的制度不够完善	796	20.76	50.13
学校缺乏学生参与课程治理的激励机制	481	12.55	30.29
其他(请列举)	72	1.88	4.53
汇总	3834	100	241.44

表 11　阻碍本科生参与课程治理的组织管理因素

| 选项 | 响应 | | 普及率/% |
	N	响应率/%	(n=1588)
大学管理者观念保守,对学生缺乏信任	694	18.87	43.70
学生的主体地位未受到充分重视	816	22.19	51.39
学校对学生有关课程的诉求回应性差	813	22.11	51.20
学生会组织对课程问题不够重视	795	21.62	50.06
学校整体缺乏民主管理的氛围	491	13.35	30.92
其他(请列举)	68	1.85	4.28
汇总	3677	100	231.55

表 12　阻碍本科生参与课程治理的个人因素

| 选项 | 响应 | | 普及率/% |
	N	响应率/%	(n=1588)
学生缺乏参与热情	611	14.31	38.48
学生缺乏责任感	680	15.93	42.82
学生缺乏权利意识和主体意识	766	17.94	48.24
学生缺乏参与动机	697	16.33	43.89
学生缺乏参与的知识和能力	657	15.39	41.37
学生没有时间参与	488	11.43	30.73

选项	响应		普及率/%
	N	响应率/%	($n=1588$)
学生对参与效果缺乏信心	329	7.71	20.72
其他(请列举)	41	0.96	2.58
汇总	4269	100	268.83

五、结论与反思

学生参与课程治理是大学构建共同治理结构的尝试,它既反映了当代大学治理改革的趋势,也是提高课程质量、构建一流本科教育的重要途径。从上文对两所地方"双一流"大学学生参与课程治理问卷调查数据的分析,可以得出如下几个结论。

首先,两所"双一流"大学正在形成师生共治的课程治理结构,但这种共治结构并未形成成熟的模式,学生参与方式的有效性存疑。参与主体表现出一定程度的多元化,但缺乏足够手段确保其代表性和自愿性。现实中仍存在阻碍学生参与课程治理的诸多因素,但这无法阻挡学生参与课程治理的热情,他们热切期望能够参与课程治理,以改善课程质量。

其次,尽管学生参与课程治理的意愿十分强烈,但对参与方式有顾虑,对参与的外部政策和制度环境甚至对理应是参与主体的自己都不够满意。在参与方式上,学生更倾向于选择非当面、非直接和非针对性而不是与任课教师直接沟通的方式参与课程治理,有回避与教师直接交流的倾向。这表明师生在共治过程中相互之间缺乏足够的信任,沟通与交流不够顺畅。被调查者对教师和院系处理学生意见与建议的方式也还不够满意。换句话说,就当前而言,通过学生参与课程治理形成师生学习共同体在很大程度上还是一个过于理想的目标。

再次,目前这两所大学已经为学生参与课程治理提供了一定程度的制度保障,也开始了学生参与课程治理的自发实践,但这些实践在多数情况下仍是不同院系和专业各自为政的探索。由于没有针对学生参与课程治理的专业指南,现实中普遍存在学生参与课程治理理念不够明确、对学生参与课程治理价值理解浅层化、参与安排零散随意等问题,影响了学生参与课程治理这一制度安排的有效性。要实现学生的有效参与,除了提供有力的政策、制度保障之外,还迫切需要通过制定专门的课程治理准则来凝聚共识、引导实践。

总之,在"双一流"建设和一流本科教育建设背景下,地方"双一流"大学亟须在专门的课程治理准则指导下,对学生参与课程治理的现实需求作出高水平回应,以构建师生学习共同体为目标,打破阻碍学生参与课程治理的政策、观念和组织管理制度障碍,树立先进的课程治理理念,构建鼓励学生参与课程治理的制度与文化,采取有效措施增进师生之间的沟通和信任,激励学生积极参与课程治理。在这方面,我们还有很多工作要做。

参考文献

［1］教育部.教育部关于一流本科课程建设的实施意见[EB/OL].(2019-10-30)[2022-04-12].http://www.moe.gov.cn/srcsite/A08/s7056/201910/t20191031_406269.html.

［2］赵中建.21世纪世界高等教育的展望及其行动框架:'98世界高等教育大会概述[J].上海高教研究,1998(12):4;7.

［3］王洪才.大学课程治理:根本点·关键点·突破点[J].四川师范大学学报(社会科学版),2021,48(4):119.

［4］LIZZIO A,WILSON K. Student Participation in University Governance:The Role Conceptions and Sense of Efficacy of Student Representatives on Departmental Committees[J]. Studies in Higher Education,2009,34(1):80.

［5］HOWSON C K,WELLER S. Defining Pedagogic Expertise:Students and New Lecturers as Co-developers in Learning and Teaching[J]. Teaching & Learning Inquiry,2016,4(2):57.

［6］FEUERVERGER G,RICHARDS E. Finding Their Way:Immigrant and Refugee Students in a Toronto High School[M]//THIESSEND,COOK-SATHERA. International Handbook of Student Experience in Elementary and Secondary School. Dordrecht:Spinger,2007:555-575.

［7］LUCAS D,WOODM. Students as Researchers:Making a Difference[J]. Secondary Headship,2007(53):88.

［8］BOVILL C,BULLEY C J. A Model of Active Student Participation in Curriculum Design:Exploring Desirability and Possibility[C]//RUST C. Improving Student Learning (18) Global Theories and Local Practices:Institutional,Disciplinary and Cultural Variations. Oxford:The Oxford Centre for Staff and Educational Development,2011:176-188.

［9］DELPISH A,HOLMES A,KNIGHT-MCKENNA M,et al. Equalizing Voices:Student-Faculty Partnership in Course Design[M]//WERDER C,OTIS M M. Engaging Student Voices in the Study of Teaching and Learning. Leesburg:Stylus Publishing,2010:96-114.

［10］泰勒.课程与教学的基本原理[M].施良方,译.北京:人民教育出版社,2013.

［11］黄福涛.从洪堡精神到调优项目:欧盟主要国家的学士学位课程改革[J].清华大学教育研究,2020,41(5):1.

［12］ROSOVSKY H. Research Universities:American Exceptionalism? [J]. International Higher Education,2014(76):4.

［13］CAREY P. Student Engagement:Stakeholder Perspectives on Course Representation in University Governance[J]. Studies in Higher Education,2013,38(9):1290.

［14］LIVINGSTON K,HAYWARD L,HIGGINS S,et al. Multiple Influences on Curriculum Decisions in a Super Complex World[J]. Curriculum Journal,2015,26(4):515.

［15］American Association of University Professors. Statement on Government of Colleges and Universities[EB/OL].[2022-04-12].https://www.aaup.org/report/statement-government-colleges-and-universities.

［16］兰义华,刘泉,程宁.学习共同体理论在数据库原理课程教学中的应用研究[J].河南教育(高教),2020(11):97.

Ideality and Reality: An Investigation of Undergraduate Participation in Curriculum Governance in Local "Double First-Class" Universities

Wang Zhanrui, Zhang Han

Abstract: The shared curriculum governance structure among students and faculty is the cornerstone of first-class undergraduate education. Students' participation in curriculum governance is an important way to build a learning community in a university. The analysis based on a questionnaire survey indicates that the undergraduate students in the two investigated local "double first-class" universities are keenly willing to participate in curriculum governance, and a kind of shared curriculum governance structure among faculty and students is emerging, although it's still far from a mature model. It is urgent for "double first-class" universities to respond to the eager needs of student participation in curriculum governance at a high level by developing a specific curriculum governance guideline, with the goal of building a learning community among faculty and students.

Keywords: Local "Double First-Class" Universities; Undergraduate; Participation; Curriculum Governance

Centrifugal Versus Centripetal Models: A Comparison of the Digitalization of Macquarie University and Aalborg University

"离心型"和"向心型"大学数字化建设路径对比分析
——以澳大利亚麦考瑞大学和丹麦奥尔堡大学为例[①]

|周 娜| |李 辉|

【摘 要】 大学高质量发展必须重视数字化建设。以澳大利亚麦考瑞大学和丹麦奥尔堡大学为案例，对比分析"离心型"和"向心型"大学数字化建设路径，以期为我国大学数字化赋能高质量发展提供借鉴。从要素路径来看，两所大学数字化是相同的，以教学数字化为突破口，带动大学治理、社会服务等方面数字化，呈现以教学数字化为中心的波纹涟漪状建设图。从技术路径来看，两所大学表现出截然不同的数字化模式：1. 麦考瑞大学的"离心模式"致力于为学生提供灵活弹性的学习机会，运用数字通信技术，消除学生与学校之间的空间阻隔，弱化学校地理意义上的中心性，构建出离心式大学。2. 奥尔堡大学的"向心模式"致力于促进问题学习、项目学习的优质高效，运用数字原位技术，重组及赋能教学现场过程，强化学校地理意义上的中心性，构建出向心式大学。启示有三：一是大学数字化转型内涵丰富、路径多样；二是教学数字化先行，科研、管理以及社会服务跟上；三是明确现阶段大学数字化转型旨在赋能，只有因地制宜、结合学校特色，方能彰显数字化威力。

【关键词】 教育数字化；大学数字化转型；麦考瑞大学；奥尔堡大学

①作者简介：周娜，信阳师范学院教育科学学院副教授，华中师范大学国家教育治理研究院研究员，教育学博士，历史学博士后；研究方向为中国教育史、教育政策、未来教育。
李辉，上海学前教育研究院/上海师范大学学前教育学院院长、讲席教授，麦考瑞大学荣誉教授；研究方向为教育政策、课程与教学、教师教育、儿童发展。

数字化是数智时代世界一流大学的重要衡量指标。[1-2]罗纳德·巴尼特（Ronald Barnett）称数智时代的大学为"4.0大学"。①[3]数字化将成为4.0大学的本质特征，4.0大学的质量也由其数字化程度塑造和界定。大学为何数字化与如何数字化，已是境内外高等教育学界的热议话题。对该问题的考量视角，呈现明显中外区隔。国内学者多主张数智时代与大学数字化是"冲击—应对"关系，认为大学数字化转型是应对之举，并在此视角下对大学数字化的内涵、动机及建设路径展开研究。②[4-6]国外学者多从系统论出发思考大学数字化，主张大学是数智时代的构成，参与且塑造数智时代；[7-8]强调大学数字化不只是大学的事情，需要学生、教师、外部组织等相关利益者共同参与，重视大学与相关利益者的数字化共识。[9]

中外学者考察大学数字化的视角分野，触发本文研究者对国际大学数字化转型及建设路径的研究兴趣。本研究发现域外大学数字化建设表现出明显的相同性：在坚持全要素数字化前提下，数字化第一枪打在教学数字化上，以此促进大学组织的整体数字化。在上述共性基础上，又有明显的差异：不同的数字化技术路径。数字化技术路径的不同，孕育出两种不同的大学生态："离心式数字化大学"和"向心式数字化大学"。本研究精选上述模式的代表性大学，对比分析其数字化建设路径，探索新时代数字转型赋能高校高质量发展的域外成功经验。

一、教育数字化与大学

什么是教育数字化？我国学者对该问题的认识持续深化、渐入佳境。最新一期《华东师范大学学报》（教育科学版）"教育数字化"专栏反映了国内学者对教育数字化的最新认识：教育数字化"不仅体现在技术层面，还同时包括业务和人本层面的转型"[3]，教育数字化转型是思想、认识上的转变，是教育全要素的转变，是教育治理方式的转变[10]。可以看出，学界对教育数字化的内容、路径及意义与价值已明朗：教育数字化是全要素、全过程和颠覆性。

大学之所以要数字化转型，根本在于当前大学形态已不适应社会发展。持续进化迭代，是大学组织历经千年的生命力所在。迄今为止，大学历经四个阶段：大学1.0、大学2.0、大学3.0和大学4.0。[11]大学的四个阶段，无论在教育理念、教育价值，还是教育功能上，都有很大差别。大学1.0是形而上的大学（metaphysical university），是为上帝服务的中世纪大学，诞生于特定的行会，形成了文科教育的传统。这个阶段的大学组织上是松散的。大学2.0是研究型大学（research university），是一种象牙塔内的大学（a university in itself），成为驱动技术进步的中心，出现在后工业社会。服务经济发展，是战后全球大学扩张的明确导向。该阶段大学明显趋向国家化和组织化，成

---

① 英国学者罗纳德·巴尼特（Ronald Barnett）提出：人类大学进化迭代迄今有四个阶段，大学1.0、大学2.0、大学3.0和大学4.0。

② 在这个视角下，国内学界对高等教育数字化的动机、路径等进行了讨论。就大学数字化转型的动机，祝智庭、黄荣怀、兰国帅等主张是新一代智能技术和新冠疫情、高质量教育建设及教育新基建建设等，促进和赋能了我国大学数字化转型。对于数字化转型路径，兰国帅等提出"加强顶层设计和整体规划，制定高等教育数字化转型的模型框架；营造基于数据的教育决策文化氛围，筑牢高等教育数字化转型的文化转型生态；提升师生数字素养与培育首席数据官，厚植高等教育数字化转型的劳动力转型基础"等；余胜泉等提出教育数字化转型是递进型的，将历经"部门局部信息化、机构整体应用与整合、业务流程服务化重构、未来学校的组织变革、智慧教育服务新生态的关键阶段"这样的一个过程。

为向心式大学。3.0 版大学是企业型大学（entrepreneurial university），是一所为自己的大学（a university for itself），虽功能多样，也服务社会，但首要关心的是自身利益优化。这一阶段的大学科层组织化。随着大学教育大众化、普及化，特别是远程信息技术的出现，叠加交通工具的飞速发展，学生与大学的时空距离得以缩短，跨越空间的教学越来越频繁，离心式大学现端倪。4.0 版大学是正在形成中的大学，是生态大学（ecological university），也称为"为他者"的外向型大学（university for others）。该阶段，致力于满足学生的需求，同周围企业和社区紧密联系。进入新世纪，数字技术的飞速发展，正在迅速改变全球教育生态，特别是大学生态。数字技术的运用促成了从慕课到网络课程，到无校园大学等一系列全新大学形态的蓬勃发展，为大学高质量发展赋能。

学界常将"大学数字化"视为一个笼统、单一的概念，遮蔽了大学数字化的现实多样性，给大学数字化转型与建设带来盲区与干扰。有鉴于此，本文将从以下两个维度对大学数字化转型模式进行对比分析：其一从大学全要素出发，考察大学数字化的要素优先项；其二从数字化概念的精确定义开始，把数字技术分为数字原位技术（digital in situ technologies）和数字通信技术（digital communication technologies），考量学校数字化的技术运用优选项。基于上述的思考框架，本文对所选案例进行了分析考察。

二、案例选取

经过文献搜索、专家咨询和内部讨论，本文选取澳大利亚麦考瑞大学（Macquarie University）和丹麦奥尔堡大学（Aalborg University）作为案例研究对象。麦考瑞大

学和奥尔堡大学都是新型大学，均创建于 20 世纪六七十年代。

麦考瑞大学是一所研究型大学，建于 1964 年，目前已跃入全球前 100。自建校以来，麦考瑞大学始终以一流的教学与创新精神著称，通过科教融合、产教融合，开创了挑战传统和转变思维的学习和教学方法。该校是 Wi-Fi 网络技术的诞生地，是天然的网络教学拥趸。为所有学生提供灵活的学习选择，是麦考瑞大学始终的办学愿景。学校把"整个大学的课程资源和信息技术力的双重并击发展"[12]作为支持灵活学习愿景达成的基础。本次案例分析选择麦考瑞大学，原因有三：一是澳大利亚大学的在线教学一直走在全球前列。在新冠疫情之前，该国许多大学已提供较为丰富的网上教学。这种情况在其他发达国家并不常见。英国、美国的许多大学都是在疫情防控期间大规模使用在线教学平台。例如，疫情防控期间，剑桥大学向在线教学的转变，还受到国际媒体的广泛关注。[13]33 二是麦考瑞大学有浓厚的技术建校、技术兴校办学特色。麦考瑞大学是仿照借鉴斯坦福大学与硅谷的合作模式而建。疫情前，该校已实现全部课程的远程在线教学，各学科都向海外学生开放。[14]三是本研究的一位作者曾在麦考瑞大学担任教授、研究生课程总监等职务三年有余，对该校数字化实施情况有切身体会和认识。

丹麦奥尔堡大学成立于 1974 年。自建校以来，该校一直致力于在工程教育领域提供前沿研究和创新实践，被誉为"世界工程教育典范"。2022 年其在世界工程院校排名中位居全球第八、欧洲第一。其基于问题和项目的跨学科教育与研究模式（problem based and project organised learning，PBL 教学模式）在全球享有盛誉，被认为是目前创新工程教育的领导者。[15]该教学模式受到联合国教科文组织的极大赞誉，被在全球

推广。选择奥尔堡大学原因有二：一是该校同麦考瑞大学是不同类型的。奥尔堡大学是高等工程教育院校，麦考瑞大学是研究型大学。两所大学代表着两种不同的高等教育机构。二是奥尔堡大学是北美和欧洲境内少有的疫情前已着手数字化建设的大学。奥尔堡大学自 2016 年起持续发布数字化建设战略报告。这些报告为了解奥尔堡大学数字化建设提供了较为充分的分析资料。

三、教学数字化：大学数字化建设的黄金击球点

大学数字化是全要素、全过程数字化。在"全要素、全过程"中，哪个要素、哪个阶段是牵一发而动全身的黄金击球点？这是大学数字化转型的关键问题。考察两所大学的数字化建设发现，数字化建设都是从教学数字化着手的，由教学数字化继而影响和带动大学整体数字化。麦考瑞大学和奥尔堡大学高度相似，都把教学数字化作为学校数字化建设的最先着眼点：围绕着教学数字化，学生管理、教务管理、教学评价及学校科研、社会服务等逐步数字化，犹如掷入湖水一粒石子，水波以石子入水位置为中心向周围扩散。波纹涟漪状（如图 1）清晰描述了大学数字化建设理路。当然，仔细考量，可以发现两所大学的教学数字化理念是不同的：麦考瑞大学的教学数字化是该校技术兴校的延续，是教学技术化的自然进化。奥尔堡大学的教学数字化是该校对 PBL 教学模式保持全球领先的持续追求，是对数字时代的积极应对。

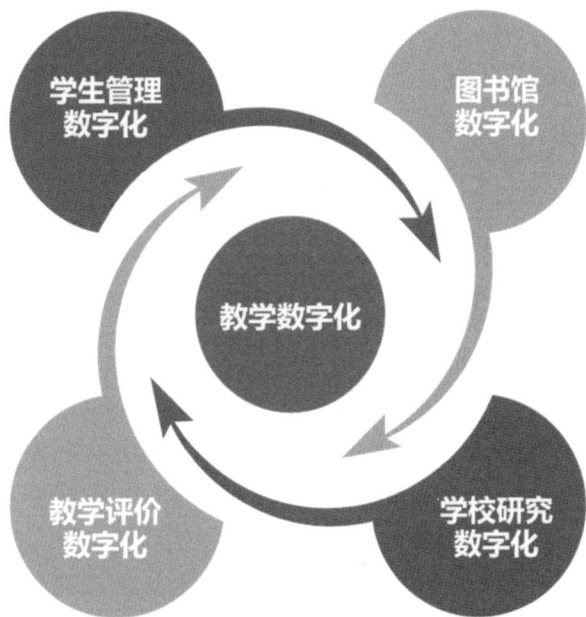

图 1　大学数字化建设波纹涟漪路径图

（一）麦考瑞大学：教学数字化是教学技术化的自然迭代

实现学生灵活学习和弹性学习，是麦考瑞大学在教学方面的持续追求。[13] 这一愿景下，大学始终重视技术促学、技术兴教，课程建设和教学改革紧跟社会技术发展，注重学校课程和教学空间的技术化，着力为学生打造灵活、弹性的学习环境。

麦考瑞大学在教学技术化方面有着历史传统。进入新世纪,随着数字技术的迅猛发展,麦考瑞大学重视在线教学的开发与建设。从 2007 年到 2021 年连续 14 年①的年度报告中可以看到,学校数字化建设是以每年一个台阶的速度稳步推进。在学校年度报告的"学习与教学"(Learning and Teaching)部分,每年都报告学校在教学信息化或教学数字化方面的建设进展。从交互信息技术(ICT)在教学中应用,到基于网络的授课(web-based lecture)开发,从 MOOC 课程的开发与上线,到学习和教学数字化空间的构建,麦考瑞大学在"减少复杂性,保持课程灵活性"[16]的追求下持续追求技术赋能教学,营造良好的学习和教学环境。

2007 年,该校把信息教育技术(ICT)和 Web 技术运用于学校教学中,以提升教学质量。[17]2011 年,学校开始建构数字化学习空间,具体内容有教学标准框架的数字化、推出学生线上学习管理系统(在线数据存储库、讲课及讲座内容的数据收集)、新的课表系统和 i-Lab(一种 APP,学生通过它可以远程访问以前只能在校园内使用的学科软件),并取得巨大成功。[18]2012 年,学校启动"在线学习工程(i-Learn Project)",用 Moodle 取代 Blackboard 作为学校网络教学平台,同时增加了 150% 的在线学习课程单元;创建 iTeach 作为学习单元创建和注册管理系统。用 Echo360 取代 Lectopia 作为创建、管理和传递音频和视频记录的系统,并且持续改进②。[17]在 2013 年研发研究生在线课程学习手册的基础上,2014 年发布本科生在线课程学习手册。[18]2017 年学

校上线授课直播(live streaming)。在 2017 年第一学期授课直播获得学生积极反馈基础上,第二学期在更大范围推广实施。校方重视校园虚拟空间(Campus Hub)的再开发,旨在打造吸引学生学习的学习空间。[17]2019 年,学校明确启动"数字化战略(digital strategy)","对学校如何使用数字解决方案来增强学习和教学,并最终改善学生体验提出指导性建议"。[19]

麦考瑞大学的教学数字化,既有数字基础设施的建设,还注重提高使用者的数字技术力。2007 年,学校设立教学指导中心,名为"一站式商店(one-stop-shop)",对教师在线下和线上教学及课程设计的问题和困难提供支持;该中心同时向学生提供服务,帮助解决线下和线上的学习问题。

教学数字化推动科研数字化。学校重视图书馆建设。2011 年麦考瑞大学新图书馆建成使用,是澳大利亚全国第一个采用自动文件存储和检索系统的数字化图书馆。该系统的使用使得相同物理数量的存储在新图书馆能以七分之一的空间完成。该大学 80% 的藏品都存放在这个自动文件存储和检索系统中,只需点击一个按钮即可取出,机器人会在三分钟内送到用户手中。[20]

数字化是一个过程,非一蹴而就。麦考瑞大学持续推进对数字化建设的科学论证与研究,及时解决大学数字化进程中的问题,为教学数字化保驾护航。2007 年,麦考瑞大学就线上学习效果展开实证研究。研究得出了"线上学校与不使用数字技术的学习也即线下学习,没有区别和差异"的重要结论。根据这一研究结果,学校明确了"技术应该应用到学习全过程,把技术整合到更

---

① 2007 年以前的学校发展报告未得到学校授权,暂无法查阅。

② 例如 2017 年,麦考瑞大学的在线学习管理系统(learning management system)持续改进,增加了新功能,提高了学生参与度,使课堂更加积极,并帮助教师更好地了解了他们的讲授内容是如何被接受的。

广泛的学习和教学空间中"的数字化建设思路。[17]该研究为学校数字化教学建设筑牢共识,提供了教学数字化建设的具体思路。

(二)奥尔堡大学:赋能学校 PBL 教学特色的数字化

奥尔堡大学的数字化同样也是教学优先,其出发点同麦考瑞大学有所不同。教学数字化居于首发位,是奥尔堡大学始终确保 PBL 教学模式全球领先的学校发展战略在数字化时代的自然之举。换而言之,奥尔堡大学教学数字化,是很强的保持世界一流的进取心决定的。

奥尔堡大学立校之本在于其独特的教学模式:PBL 模式。奥尔堡大学 PBL 教学模式在实施之初曾经遭到来自国内国外的双重质疑,在质疑声中顽强地坚持到现在。[21]建校近 50 年来,奥尔堡大学培养了大批优秀工程师,推动了丹麦奥尔堡地区的经济发展。这得益于奥尔堡大学的 PBL 教学模式。[15]奥尔堡大学也始终自觉确保其 PBL 教学模式在全球的领先性。21 世纪初,随着奥尔堡大学的扩张,大量新教职员工进入,PBL 模式被忽视甚至遭遇挑战,有被其他教学方法所取代的危险,学校及时纠偏,启动研究项目明确和概念化奥尔堡 PBL 模型,并制定一套共享的实施 PBL 模式的原则。[15]可以说,奥尔堡大学具有强烈的"确保奥尔堡 PBL 教学模式始终保持全球领先"的意识,即维护学校特色的自觉意识。因此,不难理解,在学校数字化战略中,PBL 教学模式数字化处于首发位置。

2016 年,奥尔堡大学发布学校数字化战略报告《面向世界的知识:数字化战略(奥尔堡大学 2016—2021 发展战略节选)》(*Knowledge for the World:Digital Strategy*)[22]。该报告明确了学校数字化愿景、数字化建设中心、建设方法及治理方式等,可谓奥尔堡大学数字化建设整体方案。该报告确定了数字化建设围绕着 PBL 教学模式的数字化而展开。报告明确采取数字化措施,使 IT 成为 PBL 的一个整体特征[15],学校要为 PBL 数字化提供最佳的条件框架,既包括为学生营造数字化学习空间,同时确保教师具备高超的数字化教学能力。并表示将利用学校强大的学术研究能力来确保数字技术促进、发展 PBL。[22]

奥尔堡大学 PBL 模式数字化表现出以下特点:以数字化研究促进 PBL 转型;变革治理方式促数字化转型;重视相关利益者的参与。奥尔堡大学的数字化目标是走在全球 PBL 教育创新的前沿,坚持以跨学科、跨学院研究促教学创新。2017 年,学校启动一个为期三年的 PBL 未来研究项目(PBL future)[23],同时,学校鼓励教师结合教学,发展个人的 PBL 实践。2018 年,学校启用 Moodle 教学网络平台。为促进 Moodle 系统同 PBL 教学模式的融合,学校围绕 Moodle 平台的应用推出一系列的研究项目。另外,奥尔堡大学 PBL 数字化研究具有很强的跨学科、跨学院特色。校方为 PBL 数字化实施计划分配了相当多的资金,并以项目配套方式分配资金。

另外,为持续推动 PBL 数字化,奥尔堡大学还组建新机构,全面统筹推进数字化,以数字治理方式促进 PBL 数字化。2022 年,学校成立一个新的 PBL 高级研究所(Institute of Advanced Study in PBL,简称 IAS-PBL)。该研究所涵括所有奥尔堡大学的 PBL 研究人员,并整合进数个不同的研究机构,包括联合国教科文组织资助的奥尔堡 PBL 工程中心(the Aalborg Centre for Problem-Based Learning in Engineering, Science and Sustainability under the Auspices of UNESCO 2021)、跨组织数字支持学习中心(the Cross-organizational Center for Digitally Supported Learning)和奥尔堡大学教学实验中心(2021)。PBL 高级研究所的

最终目标是确保 PBL 前沿研究的持续，并为奥尔堡大学 PBL 模型、原则和实践的发展和数字化转型作出贡献，不断创新和调整 PBL 模型，以适应高等教育和整个社会的需求和变化。组织实施的一个重要元素是开发和实施数字解决方案和流程，从而真正创造预期的附加价值。数字化需要在整个组织中广泛实施，因此，跨学科、跨组织，是奥尔堡大学推动数字化建设的重要治理方式。

重视大学及相关利益者的共同参与，是奥尔堡大学教学数字化的又一特征。因为 PBL 教学模式的特殊性，奥尔堡大学 PBL 教学数字化，还体现出学校相关利益者数字化认知在学校教学数字化建设中的推动力。重视相关利益者的参与，是 PBL 教学模式的应有之义，也是奥尔堡大学数字化战略第一次发布时就一直秉持的理念。2016 年数字化建设战略报告的序言部分特别指出该战略是工作人员、学生和外部合作伙伴参与的研讨会和访谈过程的结果，并感谢来自他们的投入、参与和兴趣，期盼他们继续参与和表达。[22] 在奥尔堡人看来，只有 PBL 教学过程中的研究人员、员工和学生直接参与数字化过程的各个阶段，才能确保所有的知识、经验和技能在整个过程中发挥作用，这包括从需求的识别和分析到组织中的解决方案与实施。

综上所述，可以看出麦考瑞大学和奥尔堡大学在数字化建设中都坚定着力于教学数字。当然，两所学校教学数字化又呈现出截然不同的路径，前者是技术赋能教学在数字化时代的自然生成，教学数字化围绕着灵活学习、弹性学习展开。后者的教学数字化是意在确保数智时代大学在工程教育领域的领先地位，由教学数字化的展开而改变学校治理方式的变化，摒弃工业时代的单科独院的教学，走向跨学科、跨学院的数字化治理方式。

四、数字通信技术与数字原位技术：大学数字化技术路径之别

数字化（digitalization）包括两种不同的数字技术：数字通信技术（digital communication technologies）和数字原位技术（digital in situ technologies）。数字通信技术和数字原位技术是两种应用场景截然不同的数字技术。数字通信技术是指利用数字信号传输信息，例如通过电子邮件、短信、社交媒体等方式传递信息。而数字原位技术是指利用数字技术对现场进行实时监测和控制，例如通过传感器、物联网等方式对工厂、城市、农业等领域进行实时监测和控制。数字通信技术和数字原位技术是两个相当不同的研究领域，它们各自都有大量研究的主题，其研究通常是分开的。[24] 数字通信技术的运用意味着通信手段及效率的提高与改善，将身体到场性教学流程数字化和自动化，使分散学习和教学具有易接入性。数字通信技术的运用，能够实现新的教学模式，这些模式颠覆和突破传统教学的局限性，如身体在场、物理时间和空间的固定、信息传递方式等。数字原位技术常被视为工程问题，数字原位技术意味着用数字技术来自动化和重新组织学校内部教学流程，同时包括把数字技术嵌入教学产品和教学服务中，提供完全不同的用户体验和价值主张，可以说，数字原位技术改变了教学系统以及教育价值创造和交互的方式。

当前对大学数字化的认识主要讨论的是数字通信技术对大学的改变，以至于许多文献把数字通信技术等同于数字化，甚少注意到数字原位技术对大学数字化的影响。数字通信技术大大提高了分散的身体进入学习空间的便捷性，降低了教学互动对身体在场性的依赖。这种数字化技术使教学活动打破地理障碍，教学活动可以广泛地分

散,实现学校离心化。数字原位技术则可以自动化日常教学活动,易于管理和评价,使用大数据分析学生的学习学业表现并进行针对施教。这些技术成本的下降进一步节省了大学的教育资源。数字现场技术强化了学校向心力,激励学习者朝向学校的集中活动。当然,两种技术是相辅相成的。麦考瑞大学和奥尔堡大学数字化的着眼点都是教学数字化,但其技术路径却截然不同:麦考瑞大学主要基于数字通信技术的数字化,对学习者的身体在场性不做要求,在地理意义上弱化了学校之于学生的向心性,是一种去学校中心的数字化,产生了离心式学校生态。奥尔堡大学侧重数字原位技术的运用,强调运用数字技术对现场教学的优化改造,对学生身体的在场性有要求,强化了学生对学校的依赖,是向学校中心①的数字化,产生向心式学校生态(如图2)。

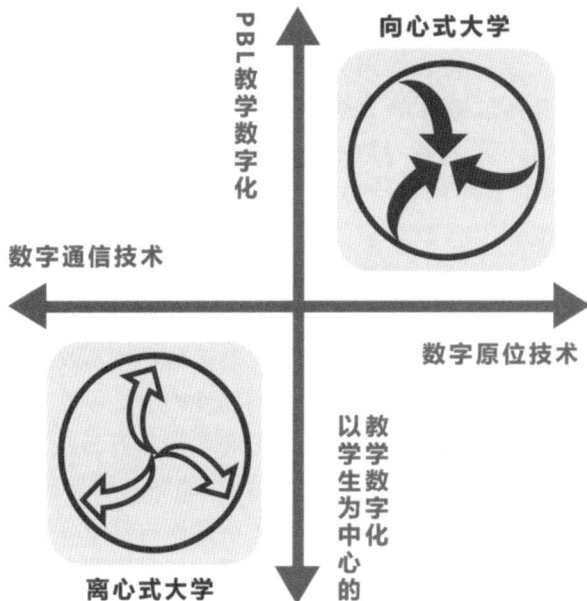

图 2　不同数字技术路径下大学生态

(一)去学校中心:数字通信技术的数字化

为学生营造灵活、弹性的学习环境,是麦考瑞大学教学与课程建设的核心。麦考瑞大学对"灵活学习"(flexible learning)内涵的解释是:灵活学习意味着学生对何时、何地、如何学习以及学习什么有真正的选择。灵活学习意味着:(1)时间上的灵活性:可以让学生在最方便的时候学习,而不是被限制在固定的课程安排中;(2)地点的灵活性:可以让学生选择学习地点;(3)学习资料的易获性:可以让学生从不同的地方获得,无论是校园里还是校外的家里、工作场所,甚至是当地的图书馆;(4)学习资源和教学方法的灵活性:提供一系列不同的学习资源和教学方法,让学生选择学习什么或如何学习;(5)节奏的灵活性:允许学生根据自己的情况,以自己的速度完成单个课程单元或整

①　"向学校中心",即增强学校中心。

个学习计划。[12]麦考瑞大学的灵活学习和弹性学习，体现了以学生为中心的教育原则，应对不断变化的学生需求模式，也反映了不断变化的学生学习理念。

为了确保提供高质量的灵活学习和弹性学习，麦考瑞大学特别重视适应课程再设计的数字技术发展模式。该模式具有以下特点：认识到灵活学习、弹性学习建立在基于资源的课程设计（resource-based curriculum）上；认识到互联网在协调和管理弹性学习方面至关重要。灵活学习、弹性学习，包括远程教育，但不局限于远程教育。麦考瑞长期以来持续为一些学生提供成熟的远程教育，学生们通过远程教育获得了有限的灵活学习机会，但这并不是学校的全部课程。远程教育与校园内教育并行，但在管理上分属不同部分。从历史上看，学生必须选择其中一种，不可能将来自外部和内部的元素结合起来。

身体在场的校园内教育一直是大学教育的主流方式。这是由人的认知发展决定的。研究表明：个人与教学材料的互动虽然对学习过程至关重要，但只是导致学习和理解复杂性的一个因素。认知能力的发展与个体同他人的互动密切相关。学习者之间以及学习者与教师之间的互动，无论是通过对话还是合作练习，都是一个重要的促进认知发展的策略。研究者建议这一策略应该嵌入所有的教学计划中。[25]与远程学生相比，在校学生通常有更多的机会在教师和学生之间进行交流，既可以是个人交流，也可以是小组交流。数字通信技术为学习者提供了在个人和教学层面进行互动的新方式，弥补了身体不在场交流的不足。有选择地、有效地使用电子协作学习练习、虚拟教程、公告板和师生之间的电子邮件、ZOOM视频会议等，证明能产生与在场学校几乎相同的学习效果。这为远程学习提供了前所未有的机会，打破了许多远程学生所经历的障碍

和孤立。同样，在师生比例不断上升（1∶69，全球最高）、班级规模不断扩大的环境下，麦考瑞大学的在校学生也可以从这些新的交流渠道中受益。其数字化转型的一个主要方向就是利用数字通信技术，为学生营造灵活和弹性的学习空间，促进超越地理障碍的学习发生。

2021年麦考瑞大学年度报告显示，在新冠封城期间，该校教学和学习已经成功实现灵活多样。2021年学校增强学习团队（Learning Enhancement Team）为2021年完成的校内教学、混合教学（即校内学习和在线学习交叉进行）和完全在线教学之间的转换提供了关键的学习和教学支持。[26]

（二）向学校中心：数字原位技术下的数字化

2020年疫情袭来，大范围的物理隔离使得各级各类教学不得不由线下转为线上。面对突如其来的线上教学，"奥尔堡大学师生普遍是手足无措的，许多教师以前很少或没有教学的经验，如制作数字教学内容和在线教学活动等"[27]。奥尔堡大学早在2016年已开始数字化建设，2017年也启动了Moodle网络教学平台，那为何2020年疫情来临时，学校师生会对线上教学感到无措呢？原因在于奥尔堡大学的数字化建设主要是数字原位技术的数字化，而非数字通信技术的数字化。数字通信技术的数字化专注虚拟教学空间的开发，提高教学空间的易进入性，弱化教学对身体在场与否的要求，这种数字化弥补了物理空间的隔离而造成的不便。相反，数字原位技术的数字化不强调在线教学，而是重视数字技术在教学数据收集、教学管理、教学反思、教学评价等方面的运用。因此，突如其来的大规模线上教学，让奥尔堡大学压力很大。

奥尔堡大学教学数字化之所以主要强调数字原位技术，而非数字通信技术，是由

PBL教学特色决定的。PBL教学模式最大特色是把对话、反思和协作这些促进学生学习的元素整合在一起，它激发学生批判性、反思性和创造性思维，强调学生的积极参与和协作以及创造知识的真实情境。PBL教学模式要求学生在现实生活（real life）、在企业或公司的"真实问题"中学习。事实上，奥尔堡大学学位课程中，以问题为导向的（problem-based）的课程占据多数，主动学习（active learning）居于主流。[28]问题导向的课程要求主动学习（active learning），要求教师与学生身体在场的教学，而不是在线教学。研究指出：对于项目学习、问题学习来说，在线教学不能像定期在校园里见面的教学那样有益。[29]

Moodle教学网络平台，在本研究中的另一所大学——麦考瑞大学反响不错，得到积极推广，在奥尔堡大学却遭遇重重阻力。原因在于致力于线上教学的Moodle网络教学平台无法赋能PBL教学特色。奥尔堡大学曾就Moodle在奥尔堡大学的使用情况做过调查。调查显示，奥尔堡大学许多现有的Moodle教学强调信息共享和储存教学材料，而较少关注学生基于问题的学习活动和项目。大部分的Moodle教室空间是用来向学生提供课程概况的，主要作为单向交流渠道。[28]136整体而言，奥尔堡大学并未能够通过Moodle激活和激发学生学习和活动。Moodle网络教学平台在奥尔堡大学的不适应，说明数字通信技术的数字化对PBL教学模式，不是赋能，反而可能是消极的。

当数字化着眼点从线上教学转移到优化教学过程，Moodle对于PBL教学模式的赋能得以彰显。传统PBL教学环节中，授课、课堂讨论、监督和期末考试等活动，是在学生与教师近距离接触中实施的；厘定问题、撰写问题报告等活动，是学生脱离老师独自完成的；讨论学生的反思、合作及表现等活动，也需要教师与学生共同完成，但常常因教师与学生缺乏物理上的接近而受到限制。[30]PBL数字化重点在于如何利用数字化技术加强师生、生生之间的对话、协作与反思。当把讨论学生反思、合作及表现等活动线上化，作为活动的反思在线上空间中具体化，反思就不再是一个转瞬即逝的过程，而是一个有数字痕迹的、可以反复查阅和元反思的对象。同时，由于活动的数字痕迹，教师可以很容易进行教学管理，对学生学习状态进行跟踪。

值得注意的是，麦考瑞大学与奥尔堡大学在数字化技术路径上的差异，是由两所大学的教学特色决定的。技术路径的差异再次强调了数字化转型的最终目的在于对学校特色的赋能与强化。

五、对我国高校数字化转型的建议

数字化转型为大学创新发展带来了革命性机遇和颠覆性变化。数字化大学始于21世纪初期，但大学数字化研究在解决这一现象方面进展缓慢。事实上，越来越多的证据表明，数字化现象直接挑战甚至破坏了既定的高等教育理论。对比分析麦考瑞大学和奥尔堡大学的数字化转型模式，我们得出以下三点。

第一，大学数字化具有丰富性和多样性。大学数字化绝非一个笼统单一的概念，而是意味着不同的数字化着眼点、不同的数字技术运用等。就数字化路径来讲，麦考瑞大学和奥尔堡大学都把教学数字化置于首位，这反映了大学数字化建设的共性。同时，两所学校数字化依赖不同的技术路径，孕育出"离心"和"向心"两种学校生态。另外，在相同的教学数字化背后，有着不同的建设内涵。麦考瑞大学以数字通信技术改造学习环境和教学环境，实现灵活学习、弹性学习。奥尔堡大学根据PBL教学模式的特点,重视数字原位技术赋能教学现场过程。由此可见,大学数字化的内涵是丰富的,数字化建设也是多样取径的。当然,其实质是不变的:赋能大学特色,提升大学组织效率。

第二,用系统论统筹数字化转型,坚持教学数字化先行。大学数字化是整体数字化,是系统性工程。它既要全参与,大学及相关利益者的共同参与,又意味着全要素、全过程。大学数字化应坚持教学数字化先行。麦考瑞大学和奥尔堡大学的数字化转型经验均表明了这一点。教学是大学人才培养的基础方式,教学是大学的核心工作,教学数字化是大学数字化转型的黄金击球点,由教学数字化带动和推动大学整体数字化转型。同时,大学数字化需要大学及其相关利益者共同参与,就数字化达成共识,并为相关利益者的数字化行动做好认知和技术准备,显得尤为关键。

第三,明确大学数字化转型的要务是数字化赋能,而非其他。理解这一点十分重要。它意味着:首先,应对数字化技术有理性认知。数字化技术是中性的,它究竟能发挥积极的赋能,还是消极影响,决定权在实施者。大学对数字化转型务必谨慎对待。其次,大学数字化转型是对学校特色的赋能。无论是数字通信技术,还是数字原位技术,只有结合学校发展,自觉运用相应数字技术,方能发挥数字化特色,彰显数字化威力。再次,数字化建设应服务于大学既有战略和运营,而非改变大学战略以迎合数字化。2007 年 11 月麦考瑞大学同其他澳大利亚 7 所大学共同发表数字化建设报告。该报告提出大学数字化建设三项原则:

(1)与教学技术使用相关的具体计划,要同大学的战略和运营计划保持一致。(2)有关采用新技术的决定应当是在当前的政策框架内做出的。(3)教学中的技术规划应与大学预算保持一致,即资金应分配给优先事项。[17]

最后,虽然当前大学数字化的主要作用是赋能,尚未彰显颠覆性威力,但由这些端倪可以预见其未来革命性发展。例如,总部位于美国旧金山的密涅瓦大学(Minerva Schools)[31]就是由此产生的具有全球颠覆性的新型大学。密涅瓦大学模式改变了以前高度本地化的大学组织生态。数字系统的运用使相对较小的中央总部节点能够控制和协调全球分散的教育。在聚集学生、教学的身体在场性甚至创新方面,一种去中心的大学组织生态正日益挑战传统的本土式大学的那种向心力。党的二十大报告提出了以高质量发展推进中国式现代化,二者为纲目关系:现代化为目,高质量发展为纲,纲举则目张。报告也首次将"推进教育数字化"列为未来发展的行动纲领。因此,为实现我国高校高质量发展,必须借助数字化转型赋能这一全新途径。怀进鹏部长 2022 年 11 月 14 日在中国教育科学研究院调研时指出:要着力开辟发展新领域、新赛道,不断塑造发展新动能、新优势,积极运用人工智能、大数据等技术助学、助教、助管、助研,不断把教育数字化推向深入,全力打造数字教育的中国思想、中国理念、中国方案,加快教育现代化,建设教育强国,努力办好人民满意的高等教育。中国高校全面数字化转型赋能,正当其时。

参考文献

[1] WILLIAMS T,MCINTOSH R,RUSSELL W B. Equity in Distance Education During COVID-19[J].

Research in Social Sciences and Technology,2021,6(1):1-24.

[2] BOLGOVA E V,GRODSKAYA G N,KURNIKOVA M V. The Model for Meeting Digital Economy Needs for Higher Education Programs[J]. Advances in Intelligent Systems and Computing,2020,908: 542-556.

[3] DEWAR J. University 4. 0:Redefining the Role of Universities in the Modern Era[EB/OL].[2023-03-22]. https://www. thehighereducationreview. com/magazine/university-40-redefining-the-role-of-universities-in-the-modern-era-SUPG758722027. html.

[4] 祝智庭,胡姣. 教育数字化转型的实践逻辑与发展机遇[J]. 电化教育,2022,43(1):5-15.

[5] 兰国帅,魏家财,黄春雨,等. 国际高等数字化转型和中国实施路径[J]. 开放教育研究,2022,28(3): 25-38.

[6] 余胜泉. 教育数字化转型的关键路径[J]. 华东师范大学学报(教育科学版),2023,41(3):62-71.

[7] BARABANOVA S V,KAYBIYAYNEN A A,KRAYSMAN N V. Digitalization of Education in the Global Context[J]. Vysshee Obrazovanie v Rossii,2019(1):94-103.

[8] CRITTENDEN W F,BIEL I K,LOVELY W A. Embracing Digitalization:Student Learning and New Technologies[J]. Journal of Marketing Education,2019(1):5-14.

[9] AKHMETSHIN E M,VASILEV V L,KOZACHEK A V. Development of Digital University Model in Modern Conditions:Institutional Approach[J]. Digital Education Review,2021(12):17-32.

[10] 袁振国. 教育数字化转型:转什么,怎么转[J]. 华东师范大学学报(教育科学版),2023(3):2.

[11] BARNETT R. Imaging the University[M]. London:Rutledge,2012:137.

[12] GOSPER M,RICH D C. Introducing Flexibility into Educational Programs:The Macquarie University Experience[R/OL].[2023-03-22]. https://files. eric. ed. gov/fulltext/ED428663. pdf.

[13] FULLER S,RUMING K,BURRIDGE A,et al. Delivering the Discipline:Teaching Geography and Planning During COVID-19[J]. Geographical Research,2021,59(3):331.

[14] Where WI-Fi Begin: From Research Proposal to Ubiquitous Technology[EB/OL].[2023-03-25]. https://www. mq. edu. au/research/research-expertise/Research-innovation/where-wi-fi-began.

[15] BERTEL L,ASKEHAVE I,BROHUS H,et al. Digital Transformation at Aalborg University: Interdisciplinary Problem-and Project-Based Learning in a Post-Digital Age[J]. Advances in Engineering Education,2021,9(3):1-15.

[16] EGAN M,DOWTON S B. Macquarie University Annual Report 2013:Volume 1[R/OL].[2023-03-25]. https://www. mq. edu. au/data/assets/pdf_file/0007/1166623/MU_AR2013. pdf.

[17] EGAN M,DOWTON S B. Macquarie University Annual Report 2017:Volume 1[R/OL].[2023-03-25]. https://www. mq. edu. au/data/assets/pdf_file/0007/1166632/Macquarie-University-Annual-Report_2017. pdf.

[18] EGAN M,SCHWARTZ S. Macquarie University Annual Report 2011[R/OL].[2023-03-25]. https://www. mq. edu. au/data/assets/pdf_file/0009/1166625/MU_AR2011. pdf.

[19] PARKINSON M,DOWTON S B. Macquarie University Annual Report 2019:Volume 1[R/OL].[2023-03-25]. https://www. mq. edu. au/data/assets/pdf_file/0005/1166630/Macquarie-University-Annual-Report-20191. pdf.

[20] BURTON F,KATTAU M. Out of Sight but not Lost to View:Macquarie University Library's Stored Print Collection[J]. Australian Academic & Research Libraries,2013,44(2):107.

[21] 年智英,杜翔云. 奥尔堡 PBL 模式下的课程与教学实践[J]. 比较教育研究,2011,33(11):89.

[22] Aalborg University. Knowledge for the World:Digital Strategy[R/OL].[2023-03-25]. https://www. strategi. aau. dk/digitalAssets/400/400917_040718_digitalstrategy. pdf.

[23] Aalborg University. PBL Future: PBL in a Digital Age [EB/OL]. [2023-03-25]. https://www.pblfuture.aau.dk/.

[24] AUTIO E, MUDAMBI R, YOO Y. Digitalization and Globalization in a Turbulent World: Centrifugal and Centripetal Forces[J]. Global Strategy Journal, 2021, 11(1): 7.

[25] SLAVIN R E. Research on Cooperative Learning and Achievement: What We Know, What We Need to Know[J]. Contemporary Educational Psychology, 1997, 21(1): 123-134.

[26] Macquarie University Annual Report 2021: Volume 1[R/OL]. [2023-03-25]. https://www.mq.edu.au/data/assets/pdf_file/0003/1217460/Macquarie-University-Annual-Report-2022-Volume-1.pdf.

[27] HÜTTEL H, GNAUR D. How Higher Education Adapted to Online Teaching at Aalborg University after COVID-19: Experiences and Perspectives [C]//BUSCH C, STEINICKE M, WENDLER T. Proceedings of the 19th European Conference on e-Learning, ECEL 2020. Berlin: Academic Conferences and Publishing International, 2020: 243-251.

[28] ØRNGREEN R, KNUDSEN S P, KOLBÆK D, et al. Moodle and Problem-Based Learning: Pedagogical Designs and Contradictions in the Activity System[J]. The Electronic Journal of e-Learning, 2021, 19(3): 133.

[29] LAUERSEN E. Problem-Based Learning as a Way of Organizing Learning and Teaching at the University[M]//KOLMOS A, FINK F K, KROUGH L. The Aalborg PBL Model: Progress, Diversity and Challenges. Aalborg: Aalborg University Press, 2004.

[30] KOLBAEK D. Problem-Based Learning in the Digital Age [C]//SAMPSON D G, ISAIAS P, IFENTHALERD. 15th International Conference on Cognition and Exploratory Learning in Digital Age (CELDA 2018). Budapest: International Association for Development of the Information Society, 2018: 280.

[31] About: Advancing an Intentionally Designed Education [EB/OL]. [2023-03-25]. https://www.minerva.edu/about/.

Centrifugal Versus Centripetal Models: A Comparison of the Digitalization of Macquarie University and Aalborg University

Zhou Na, Li Hui

Abstract: Digitization is an important measure for universities to maintain world-class competitiveness in the digital-AI era. This comparative study of Macquarie University in Australia and Aalborg University in Denmark to understand their digitalization strategies and paths presents two divergent models: the "centrifugal" versus the "centripetal" models. First, the analysis of the paths indicates that the two universities share the same breakthrough point, which is the digitalization of teaching that has driven the digitalization of university governance and social services. This path is working like a ripple-like construction map centering on the digitalization of teaching. Second, the analysis of the technologies indicates that the two universities follow completely different models. Macquarie University adopts the "Centrifugal Model" of digitalization, committed to providing students with flexible teaching and learning opportunities, using digital communication technology to eliminate the gap between students and the school. This approach has overcome the spatial barrier and weakened the geographical centrality of the school to students, teachers and related personnel, and built up a centrifugal university. In contrast, Aalborg University employs the "Centripetal

Model", committed to promoting high-quality and efficient problem-based learning and project-based learning. Accordingly, it adopts digital in-situ technology, reorganizing and empowering the teaching site to strengthen the school's relationship with students, teachers and related personnel. This approach has strengthened the centrality and thus built up a kind of centripetal university. Three major implications emerged for Chinese universities: (1) the digitalization of universities has rich connotations and diverse paths; (2) digitalization of teaching should be the first priority, followed by scientific research, management and social services; (3) digitalization is aimed at empowerment of universities and consolidation of their strengths and features.

Keywords: Digitalization; University Digitalization; Macquarie University; Aalborg University

Diversified Fundraising in Education Foundations of "Double First-Class" Universities: Theoretical Connotation, Problem Analysis and Innovative Path

"双一流"高校教育基金会多元化筹资：
理论内涵、问题透视与创新路径①

|沈黎勇|

【摘　要】"双一流"高校的发展始终与资源问题密不可分。深究其逻辑起点，资源依赖理论揭示了管理能力如何适应组织所处环境的不断变化、组织发展如何强化外部关系的驾驭能力、资源的选择和积累如何提升组织内部战略与外部环境的互动关系。然而，"双一流"高校教育基金会还存在着战略定位缺乏整体设计、组织架构存在功能缺陷、筹资运行不均衡性显著、捐赠激励政策相对滞后、内外筹资条件尚不充分等现实问题，其多元化筹资发展之路仍然任重道远。基于此，要坚持发展思维、体制改革、队伍匹配、渠道创新、文化自信，持续通过引领筹资目标、强化协同联动、发挥人才优势、夯实管理根基、彰显价值底蕴，建立健全多元化筹资体系，为学校迈向中国特色世界一流大学提供资源支撑。

【关键词】"双一流"高校；教育基金会；多元化筹资；理论内涵；问题透视；创新路径

①作者简介：沈黎勇，浙江大学发展联络办公室主任、教育基金会秘书长，博士，副教授；研究方向为高等教育管理与思想政治教育。

一、问题的提出

我国高等教育发展进入关键期,从现实压力来看,在全球经济衰退、大国博弈加剧等多重因素的冲击下,国家财政收入面临增长放缓的趋势,中央"过紧日子"的基调成为新常态,迫切需要借助教育基金会进一步打开多渠道筹措高等教育发展资源的局面,减少甚至抵消财政拨款压减带来的影响。从未来发展看,加快一流大学和一流学科建设,特别是向世界一流大学前列迈进,教育教学、高层次人才引育、创新生态系统构建、校园基础建设等各个方面都面临着开源节流的问题,亟须通过筹资工作支撑高质量发展进程。当前,全国高校教育基金会约700家,[1]高校筹资工作已成为财政资金的有益补充,并在一定程度上缓解了大学发展自主性、应变性、动态性与预算刚性的矛盾,但不同高校教育基金会的筹资能力与水平存在较大差距。近年来,国家高度重视发挥慈善等第三次分配作用,鼓励以捐赠和建立基金等方式捐资办学,建立健全中央、地方、企业、社会协同投入长效机制,党的二十大报告强调,要构建初次分配、再分配、第三次分配协调配套的制度体系,引导、支持有意愿有能力的企业、社会组织和个人积极参与公益慈善事业。[2]有鉴于此,如何通过多元投入形成强大的社会资金吸纳能力,共同支撑"双一流"高校的高质量发展,是筹资改革的重中之重。

目前"双一流"高校教育基金会多元化筹资的相关研究尚处在起步阶段。在影响因素上,学者普遍认为感恩回馈心理是促成捐款行为的重要情感因素,在校经历、与母校的联络(如校友会、校庆等活动)和他人行为为捐赠奠定了基础,外在催化因素如个人经济状况、筹款项目、基金会知名度、捐赠通道、信息公开、回报和政策等起到促进作用,而荣誉感和成就感等捐赠后的反馈产物,会继续影响后续的捐赠行为。[3]此外,高校所设专业在学术领域的地位、学校的人财物管理是否得当、学生是否自愿参加学校组织的活动等也在较大程度上影响着捐赠决策。[4]在组织治理上,不同类型高校对筹款的认定和筹资效率存在巨大差异,[5]通过组织绩效评估,及时监控、发现、报告、解决组织在服务质量和运作过程中存在的问题,可以持续优化基金会服务质量,而管理绩效和服务质量的提升减少了运行成本,促使基金会合理利用资源,推动形成基金会良性循环发展模式。[6]在筹资策略上,从社会资本的视角可将高校筹资的社会基础分为情感基础,如个人情怀和情节、对大学良好形象认可,教授、校长等个人魅力产生的信任基础,以及基于捐赠协议、基金会运作合法性、信息披露和监督等公信力的制度信任。[7]在引介国外高校教育基金会案例上,美国公立大学基金会与所在大学的关系错位、道德与伦理问题、信息公开与捐赠人隐私保护等问题和挑战,在某种程度上制约了基金会在高校筹款中的功能和作用,针对这些问题,美国公立大学不断调整治理模式,在实践中摸索出大学与基金会依附式"共生"关系,推动基金会在美国公立大学筹资过程中持续发挥着举足轻重的作用。[8]总体而言,现有研究具有丰富的学术价值和重要的指导意义,但关于高校教育基金会筹资介绍性、描述性案例研究较多,多从个案角度提出一些具有启发意义的对策,缺乏实证与思辨相结合的研究。

基于以上诉求,本研究以资源依赖理论为指导,在全面梳理"双一流"高校教育基金会筹资现状的基础上,识别筹资过程中的各类显性或隐性问题,并分析其特征及相互关系,以期为推动"双一流"高校教育基金会履行筹资使命提供思路借鉴。

二、"双一流"高校教育基金会多元化筹资的理论内涵

"双一流"高校教育基金会为何要审思筹资问题并对此作出回应呢？这就涉及资源依赖问题。资源依赖理论是 20 世纪 40 年代由美国学者菲利普·塞尔兹尼克（Philip Selznick）提出的,阐释了一个组织与组织环境间所存在的依赖关系,揭示了一个组织以获取生存所依赖的关键性资源为目的的自我变革、环境选择、环境适应与环境构建的一般规律。组织生存的关键在于获得资源和维持资源的能力,但过于依赖收入提供者,也会失去自主权。[9]部分高校争取获得其他收入,但获得这些收入通常需履行一定强制性条款。[10]如在政府资源的获取上,政府资源的依赖程度决定了"府学"关系的互动博弈强度,以及私立大学享有办学自主权的多寡。[11]大学对资源需求做出积极反应,通过建立强大的自我造血功能减少对政府的依赖,通过自身的资源禀赋和优势,主动引领社会发展、教育慈善文化和高校的育人氛围,并通过提升大学在社会活动中的价值,使社会环境朝着更有利于大学的方向发展。因此,资源依赖理论为归纳总结"双一流"高校教育基金会筹资运行实践及存在问题提供了理论支持和决策参考。

（一）管理能力如何适应组织所处环境的不断变化

没有任何组织有能力实现完全的自给自足或完全掌控自己的生存条件,组织不可避免地要从其所处的环境中获得资源以满足自身生存和发展的需求。社会组织只有与外部环境不停地进行交换,才能应对环境的不确定性以及环境变化带来的冲击,这对资源需求的管理能力提出了更高的要求,实质上反映了"为什么筹资"的问题。

"双一流"高校教育基金会作为资源依赖性组织,其发展受到资源环境的制约。一方面,筹资需要依赖于高校内部的重视、专业人员的配置、校友关系的塑造,也需要对外部经济环境、慈善文化环境、捐赠动机作出判断。目前从环境中吸纳资源的渠道有限,仅有西安交通大学、中国科学技术大学等少数高校设立了公募基金会,绝大多数高校基金会为非公募性质,无法直接面向社会公开募捐,部分高校严重依赖校友捐赠。但另一方面,如果过度依赖环境资源,将会增加组织发展的不确定性和不稳定性,且容易迫于环境的压力而违背底线。因此,推动组织的管理能力适应所处环境的不断变化,究其根本,需要转变筹资的战略定位,重新思考大学筹资的目标理念,从被动接受公益捐赠的"承接者",变为有效管理资源需求并依此主动拓展资源的"谋划者"。

（二）组织发展如何强化外部关系的驾驭能力

社会组织处理和其他组织关系的能力是组织发展壮大的基础,这种能力帮助社会组织更好地适应外部环境变化,并通过对关键性资源要素的优化配置,以建立持续性竞争优势,这实质上反映了"谁去筹资"的问题。

资源依赖理论提出社会组织最关注的是其自身的可持续发展的能力,而想要实现组织自身的可持续发展,首要目标便是持续不断地向组织输送关键性资源,尽量减少对组织所处环境中这种关键性资源提供者的依赖程度,特别是在这种关键性资源从根本上决定了组织生存的情况下。组织筹资能力的强弱,在一定程度上反映了组织驾驭外部关系的能力,筹资者处在一个什么样的组织架构中,直接决定着筹资的权利安排和制度设计,而这又深刻影响着筹资成效,那么,究竟是以学校层面主导筹资,还是以学院力量塑造筹资,这就需要筹资结构作出回答。

（三）资源的选择和积累如何提升组织内部战略与外部环境的互动关系

资源依赖理论强调资源的选择和积累是组织内部战略和外部环境因素的函数。一方面，在内部战略上，组织对关键资源的需求，会带来外部控制，而这会进一步影响组织内部的体制机制。另一方面，组织对外部环境的认识不同，会带来不同的互动方式，而组织对环境既具有依赖性，也具有能动性。这实质上是反映了"如何筹资"以及"如何管理筹资""如何优化筹资"的问题。

大学需要通过加强内部协同作用，实现组织在时间、空间和功能上的有序结构，以确保组织在内部要素上更有效率，在外部资源获取上更有效力。高校筹资是一个典型的"人—教育—环境"的互动过程，社会资本作为大学物质资本的重要补给，其背后是大学与利益相关者之间的互动，利益相关者对筹资成效的好坏，发挥着至关重要的作用，组织需要基于不同的"轨道"服务于不同的目的，回应代表谁的利益，是代表师生、校友、管理群体、捐赠者抑或是社会公众？因此，通过与个人、企业、基金会等群体建立共赢关系，有利于摆脱对单一资源的依赖；同时，通过参与法律制度修订、行业倡导活动等，也能够改善外部因素。

三、"双一流"高校教育基金会多元化筹资的问题透视

"双一流"高校教育基金会经过数十年的实践探索，形成了各具特色、因校制宜的发展经验，但仍在战略定位、组织架构、筹资运行、激励政策、内外条件等方面存在短板。各类问题之间并非彼此孤立，而是具有一定的内在逻辑关系，科学解决筹资过程中的问题，其本质就是在解决"为什么筹资""谁去筹资""如何筹资""如何管理筹资""如何优化筹资"等重大问题。

（一）战略定位缺乏整体设计

目前的筹资工作主要以依托海内外广大校友及社会爱心人士的捐赠意向，被动地对接捐赠协议、接受捐赠善款为主，并未将自身发展与国家意志、社会需求、大学使命有机结合。如何将个人价值、公益善心、社会责任转化为具有引领示范作用的慈善理念和文化氛围，推动教育事业长足发展，并发挥慈善等第三次分配作用，改善收入和财富分配格局，加快实现共同富裕，是推动高校筹资工作可持续发展的重要课题。与此同时，从受益人的视角来审视筹资的战略定位、资金的有效募集，除了能够推动资产规模的攀升，增强捐赠项目对学校整体发展的支持力度，促进学校加快迈向世界一流大学前列之外，能否真正匹配受益人的需求金额和方向，也是筹资工作在服务学校长期发展战略时应统筹考量的关键环节。

尽管部分"双一流"高校教育基金会在项目设计上也以彰显大学使命愿景、弘扬价值观、助力"双一流"建设为初衷，但是在特定历史时期和境遇下主动谋划，结合学科、院系、大学、社会以及捐赠方发展需求，进行长周期、精细化、整体化的主动拓展仍然较少，聚焦全人类发展所共同面对的重大命题以及国家发展重大战略需求的主动设计型项目同样不足，项目设计背后的战略定位仍有待进一步提高。此外，高等教育成本分担主体多元化是大学发展的重要趋势，个人、企业、基金会及其他社会团体作为分担高等教育成本的主体之一，是"双一流"高校教育基金会拓展社会资源的重要筹资对象。但针对以上捐赠主体，普遍无法向其提供战略性筹资项目。

（二）组织架构存在功能缺陷

伴随学校教育经费需求规模的不断扩

大，筹资规模随之增加，筹资的专业性和复杂性更是逐步提升。在此趋势下，筹资部门逐渐设立，并不断分化为多个面向不同领域进行筹资的部门，以应对日益激烈的高等教育筹资竞争。服务捐赠资金保值增值目标的相关财务部门、投资部门或资产管理公司陆续成立，成为提供可持续资金支持的重要渠道。此外，校友会的作用逐渐被重视，这不仅进一步密切了学校与广大校友的联系，同时为争取校友支持提供了平台。随后，在筹资部门的对外关系职能发展到一定阶段后，大学公共关系营销、筹资战略性谋划、风险防范等功能逐渐从筹资部门中分离出来，形成更加精细化的筹资分工。在大学筹资部门不断分化的过程中，专业筹资人衍生而来，筹资的组织架构和筹资者的角色定位，直接回应着"谁去筹资"的问题。

"双一流"高校的筹资机构缺乏独立性，部分高校成立职能部门，学校授权其承担一定行政职责，统筹推进学校发展联络工作、校友事务管理、社会办学资源拓展等，如发展联络办公室、校友联络发展处、教育发展与校友事务办公室、对外联络处、校友事务与发展联络处等部门，基金会与校友会等合署办公，职能部门领导与基金会负责领导互有兼任。此外，筹资组织体系作为高校筹资活动开展的重要载体，在学校层面仍然普遍存在组织规模偏小，筹资职能部门结构不合理，学校教育基金会与校友会、校内其他职能部门协同程度较弱等问题。而在学院层面，筹资管理机构设立情况不容乐观，筹资职能尚未从学校充分延伸至院系，筹资工作队伍力量较为薄弱。

（三）筹资运行不均衡性显著

校领导是办学治校向外延伸的关键力量，通过参与基金会理事会的决策部署影响筹资的战略目标和发展方向。校领导以自身对学校发展大局和中心工作的战略性把握，将关心筹资工作的愿望转化为推动筹资的实际行动，往往能够发挥其在大项目设计和资源调配上所具有的特殊优势。特别是部分高校领导在国家战略及相关政策制定出台前，提前部署筹资方向与项目，有力带动了筹资工作实现突破。遗憾的是，有些"双一流"高校校领导并未将筹资提升至事关学校发展的战略高度，对做好筹资顶层设计的重视程度相对不够，自身争取社会各界教育捐赠的参与力度不大，也没有引导学院层面主动拓展资源。同时，一些具有重大影响力的潜在项目，由于缺乏校领导的资源共享和积极促成，从而难以转化落地。

"双一流"高校教育基金会在自身机构设置范畴内开展筹资，但"上下联动""内外协同"的枢纽作用未能得到充分发挥，院系整体参与度相对较低，且学校内部不同院系之间存在较大差异。院系是人才培养、学科布局、社会服务的一线阵地，掌握着最丰富的校友资源、科技成果和知名专家教授团队，并为有关部门决策和地方发展提供了政策咨询，在与校友、师生、合作对象等群体的对接中具有天然的黏合度。各高校虽然逐步重视挖掘院系筹资潜力，通过设立院系服务相关部门、出台筹资激励政策等，力争形成院系筹资与用资的良性循环，然而大多院系尚未将筹资工作视为拓展发展空间的重要途径，自身教育教学及校友资源优势未能得到释放。同时，院系通常设置教师晋升考核指标，涵盖教学工作量、科研经费、科研成果等内容，尤其是年轻教师压力较大，也对筹资积极性形成了一定冲击。

（四）捐赠激励政策相对滞后

高校教育基金会具有公益性属性，且筹资人员构成多以行政人员为主，其工资、福利、奖金等大都局限于学校体制内，难以采取市场化的物质激励，只能更多强调价值激励，这在一定程度上导致了筹资积极性普遍较低。

一方面,物质激励较为贫乏。筹资尤其是大额筹资,往往需要筹资者进行长期跟踪和精心培育,但在现行管理体系下,高校教育基金会不能完全遵循市场原则,向雇佣人员提供具有竞争力的薪酬,且未能建立基于筹资业绩的长效激励机制。目前,仅有少数"双一流"建设高校制定了筹资激励政策,对筹资工作表现突出的单位和个人予以表彰。

另一方面,价值激励尚有欠缺。教育基金会事业在单纯的经济利益之外,还包含着个人价值的实现,尤其是通过文化激励获得组织认同、社会认同,并满足提升自我能力、开发个人潜能的价值需求等,但价值激励的作用在现阶段仍非常有限。

(五)内外筹资条件尚不充分

从内部环境来看,专业化人才队伍较为欠缺。目前我国高校教育基金会多为高校下设职能部门,其重要管理人员多由学校行政人员担任,管理团队的专业化程度不高。国内除少数大学配备了专业化、职业化的人才队伍进行全职筹资外,多数高校在人才队伍的数量配备和专业化建设上仍有待提高。国内诸多高校筹资人员存在岗位兼职、人员数量过少等现象,基金会的专业筹资服务能力需要进一步提升,尤其是独立筹资能力。伴随筹资业务与市场联系愈发紧密,筹资机构不断发展壮大,筹资团队分工趋向细化,各高校都面临着专业人员的选配问题。

从外部环境来看,教育慈善捐赠的群众基础不足、社会风气有待培育深化,同时行业发展相对滞后。成熟、健全的行业促进组织可以有效地规范和推动大学筹资事业的发展,甚至以派驻顾问的形式主导大学筹资活动,也能在一定程度上影响高等教育的筹款办学进程。但目前相关促进组织数量较少,行业基础设施相对薄弱,尚无法为"双一流"高校充分提供专业咨询、研究、培训等服务,亦不能高效推动筹款业务的实际落地。加强高等教育慈善协会、大学筹资咨询公司等在内的行业促进组织的建设,弥补行业基础设施短板也是当前亟待解决的问题和直面的挑战。

四、"双一流"高校教育基金会多元化筹资的创新路径

研究者长期从事高校教育基金会管理工作,具有全流程筹资实践经验。本研究从思想性、实践性、可操作性等角度出发,针对"双一流"高校教育基金会多元化筹资的薄弱环节与问题,提出完善筹资路径的对策建议。

(一)坚持发展思维,引领筹资目标

当前高校的育人要求、创新范式、服务形态等正在发生前所未有的变化,资源集聚与内涵发展深刻影响着学校的声誉与地位。"双一流"高校要在激烈的竞争中脱颖而出,争取更大的独立性、确保财政的稳定性和创造优质的教育环境,[12] 并继续培育时代英才、构建学科高峰、打造科研高地、传承文化基因、提供高水平的社会服务,就必须首先在办学资源上取胜。可以说,优化资源保障体系,营造更加优质的空间环境与资源条件,是一项打基础、利长远的关键性工程,现在已到了不得不改、不改则退、慢改亦退的地步。因此,要站在百年大计的历史高度看待此事,紧紧围绕国家区域重大发展战略,学校学生、学者、学术、学科发展目标,以及校友、社会爱心人士关切,积极探索共赢发展模式。

(二)坚持体制改革,强化协同联动

管理机制改革是发展的"深水区""硬骨头",不仅需要学校各级领导形成广泛共识,而且需要"双一流"高校教育基金会员工上下齐心,以壮士断腕的决心和魄力勇于自我

革命。目前,我国几乎未有教育基金会形成符合多元化筹资运行规律的市场化管理机制,探究如何合理地构建基金会的合作关系和相互协助关系是确立基金会组织模式的必要考量。[13]面对日益复杂的筹资环境,亟待解决的筹资问题将会不断涌现,特别是资源保障体系建设与学校教育教学、科学研究、社会服务、学科建设、人才引育等中心工作均存在交集,依托学校、院系等多层级工作体系,分类施策地推进各项工作,增强各院系的资源拓展主体责任和内在动力,破除资源壁垒和发展惯性,仍是继续攻坚的重点领域。

(三)坚持队伍匹配,发挥人才优势

建立一支兼具专业水准和文化素养、热心公益事业和教育事业的专业化、职业化筹资工作队伍,是关乎筹资效率提升的重要环节。[14]随着筹资规模的不断壮大,要积极探索人才流动、兼聘、混编等队伍建设新机制,进一步优化人才规模结构,加强目标驱动、问题导向的团队建设。要全面理顺干部员工成长发展通道,通过学习教育、挂职交流、参与重大任务等多种途径,促进各类人才得到更加充分的发展。特别是要不断加强青年后备力量建设,坚持在创新实践中发现和历练筹资人才,同时系统分析青年人才成长的规律以及发展的瓶颈,有针对性地提出培育举措,为其脱颖而出创造条件。

(四)坚持渠道创新,夯实管理根基

"双一流"高校教育基金会的多元化筹资只有长期呵护、精心滴灌,才能在捐赠人关系维护、突发事件应对、风险防范、捐赠项目管理等方面得到校友和社会各界的广泛认可。未来想要加快构建符合时代特点的资源汇聚模式,实现各方面的全面"领跑",需要持续优化资源体系,拓宽外部资源募集渠道,加强现有资源再生力度,不断提高资产的增值水平和反哺能力。换言之,提升自主筹资能力,不仅要充分挖掘捐赠渠道,还要借此源源不断地引入资金,从而建立行之有效的筹集机制。[15]此外,要顺应数字化改革趋势。一方面,强化数字平台建设,打造线上线下相融合的信息资源共享空间。另一方面,提升数字治理能力,运用信息技术推动治理理念、方法和模式创新,为科学决策和战略规划提供强有力的数据支撑。

(五)坚持文化自信,彰显价值底蕴

"双一流"高校在历史发展过程中均形成了一脉相承的大学精神,这是学校走向未来最浑厚有力的精神力量,也是教育基金会和各界友人、认同学校价值追求者进行沟通交流时,所应亮出的文化底色。学校作为多文化滋养的精神乐园,形成了弘扬大学精神文化、涵育卓越学术文化、塑造师生为本文化、构建基层组织文化的丰富文化内涵,要更加坚定地讲好筹资故事,推进文化创新,增强学校资源拓展的文化软实力。立足于此,还要围绕筹资战略目标,精心策划和主动设计一批优质品牌项目,助力扩展社会公共自治空间,发展公益慈善事业,培育公共服务精神,[16]从而在项目质量要求与日俱增、亿元级捐赠屡见不鲜的慈善时代里,不断提升社会声誉和品牌价值。

参考文献

[1] 中国社会组织政务服务平台.信息公开[EB/OL].[2023-2-16].https://xxgs.chinanpo.mca.gov.cn/gsxt/newList.

［2］习近平.高举中国特色社会主义伟大旗帜为全面建设社会主义现代化国家而团结奋斗——在中国共产党第二十次全国代表大会上的报告［N］.人民日报,2022-10-26(4).

［3］连萌.校友对母校教育基金会慈善捐赠的影响因素研究［D］.北京:北京邮电大学,2019.

［4］BROWN W O. Sources of Funds and Quality Effects in Higher Education［J］. Economics of Education Review,2001,20(3):289-295.

［5］DURONIO M A,LOESSIN B A. Effective Fund Raising in Higher Education:Ten Success Stories［M］. San Francisco:Jossey Bass,1991:197.

［6］郑海航,吴冬梅.人力资源管理:理论·实务·案例［M］.北京:经济管理出版社,2006:226.

［7］程艳彬.社会资本视角下大学教育基金会筹资机制研究［D］.济南:山东大学,2013.

［8］杨维东.美国公立大学基金会:功能、挑战及其应对［J］.比较教育研究,2019,41(12):80.

［9］ALTBACH P G,JOHNSTONE D B. The Funding of Higher Education:International Perspectives［M］. New York:Garland Publishing,1993.

［10］斯劳特 S,莱斯利 L.学术资本主义［M］.梁骁,黎丽,译.北京:北京大学出版社,2014:63.

［11］金国,胡金平.权力让渡与资源获取:私立南开大学国立化进程中的"府学关系"［J］.高等教育研究,2015,36(12):94-95.

［12］杨坦,何小锋,荀继尧,等.大学捐赠基金的运作与管理模式研究［M］.上海:上海交通大学出版社,2017:11.

［13］尤玉军.中国高校基金会治理结构:理论与实践［M］.北京:人民出版社,2017:145.

［14］吕旭峰.我国教育捐赠问题研究［M］.杭州:浙江工商大学出版社,2015:291.

［15］喻恺,徐扬.世界一流大学永续型基金发展与管理研究［M］.青岛:中国海洋大学出版社,2016:88.

［16］周贤日.国外高校社会捐赠制度研究［M］.北京:中国法制出版社,2015:150.

Diversified Fundraising in Education Foundations of "Double First-Class" Universities: Theoretical Connotation, Problem Analysis and Innovative Path

Shen Liyong

Abstract: The development of "Double First-Class" universities is always inseparable from the issue of resources. With regard to its logical starting point, the resource dependence theory explains how management adapts to the changing environment of an organization, how organizational development strengthens the capability of managing external relations, and how the selection and accumulation of resources enhance the interaction between the organization's strategies and the external environment. However, there are still practical problems, such as a lack of overall design of strategic orientation, functional flaws in organizational structure, significant unevenness of fundraising operation, relatively backward incentive policies for donations, and insufficient internal and external conditions for fundraising, etc. The development of diversified fundraising is still a long way to go. Therefore, it is advisable to uphold the ideas of development, institutional reform, team matching, channel innovation, and cultural confidence, and continue to establish a sound diversified fundraising system by orientating their fundraising goals, strengthening synergy, exploiting their talent advantages, consolidating their management, and revealing their value basis, providing resource support for the university's advance into a world-class university with Chinese characteristics.

Keywords: "Double First-Class" Universities; Education Foundation; Diversified Fundraising; Theoretical Connotation; Problem Analysis; Innovative Path

发展
战略

*Development
Strategy*

The Sustainable Development Capability of the Discipline:Connotation and Factors

学科可持续发展能力:内涵和要素①

|汤　凝|　|夏文莉|　|张栋梁|

【摘　要】　面向 2035 高等教育强国建设目标,一流学科建设必须根植可持续发展的理念。文章从可持续发展的概念和理论出发,结合学科生长的驱动性、生态性和周期性等特点,从"动力来源"、"生态价值"和"时间节律"三个维度构建学科可持续发展能力的评价要素,尝试建立立体化、全方位地评估学科未来发展趋势的管理思路。从提升学科可持续发展能力的考虑上,一流学科发展的"动力来源"需要包括如国家战略需求引导、人才培养能力、师资队伍结构、平台建设 4 个要素,"生态价值"需要包括学科交叉融合、交流合作、制度建设、文化氛围 4 个要素,"时间节律"需要包括学科前沿布局和重大成果引领 2 个要素,对学科可持续发展能力的评估与管理思路可以为管理实践者和学科发展的研究者提供相应参考。

【关键词】　学科建设;可持续发展能力;评价要素

一、引言

纵观人类文明发展历史,人类对自然和社会认识的边界在不断拓展,从而产生新的知识体系,在新的知识体系中诞生新的学术权威,促进该知识领域逐步走向大众视野,形成新的学科。高校在其中扮演着发现新知识体系的重要角色,学生学会新知识,解决科学问题,推广新知识,产生新学科,新的

①本文系国家自然科学基金面上项目"新时代一流大学建设成效评价理论与应用研究"(72074029)成果。

作者简介:汤凝,浙江大学发展规划处综合室副科职秘书。

夏文莉,浙江大学发展规划处处长、中国科教战略研究院副院长。

张栋梁,浙江大学发展规划处副处长。

学科带来新的科学问题,解决新的科学问题产生新的技术问题,从而产生新的产业,推动人类文明进入新的形态。一个学科的形成在整个人类文明进步的过程中极其复杂且有一定的随机性,本文主要观测学科在高校视域中的发展过程。

(一)研究背景

在以中国式现代化全面推进中华民族伟大复兴的新征程中,教育起到基础性、战略性支撑作用。在"两个大局"背景下,教育内外环境发生深刻变化,高等教育也面临着新的挑战。面向未来,放眼长远,高等教育要超前识变、积极应变、主动求变。2018年5月,习近平总书记在北京大学考察时指出,"当前我国高等教育办学规模和年毕业人数已居世界首位,但规模扩张并不意味着质量和效益增长,走内涵式发展道路是我国高等教育发展的必由之路"[1]。2020年底,教育部、财政部、国家发展改革委联合发布《"双一流"建设成效评价办法(试行)》教研〔2020〕13号(以下简称《评价办法》),明确提出,"设置整体发展水平、成长提升程度及可持续发展能力的评价角度,重视对成长性、特色性发展的评价,引导高校和学科关注长远发展"[2],首次将可持续发展能力纳入高校和学科的评价视角,是对总书记提出的高等教育内涵式发展的重要呼应。《评价办法》同时指出可持续发展能力主要考察高校和学科的结构布局、特色优势、资源投入、平台建设、体制机制改革及制度体系创新完善、治理效能等支撑发展的条件与水平,体现发展潜力,指明了学科可持续发展能力评价的整体方向。中国高等教育学会原会长瞿振元表示:"这三个维度,犹如描述一个物体运动状态的位置、速度和加速度一样,可以更好地反映发展的状态,给人以比较清晰的形象。"[3]

(二)已有文献综述

目前学科评价工作呈现了多元化趋势,国内比较成熟的有教育部学位与研究生教育发展中心(简称学位中心)组织的学科评估,国际上主流的学科排名有英国Quacquarelli Symonds公司所发表的世界大学排名(QS World University Rankings,简称 QS)、美国新闻和世界报道(US News)、基本科学指标数据库(Essential Science Indicators,简称 ESI)、泰晤士高等教育(Times Higher Education,简称 THE)等。但针对学科的评价主要倾向于结果评估,对学科的发展潜力和发展态势追踪关注仍然不够,难以完整反映学科的发展过程和规律,国际上主流的学科评价和排名往往带有一定程度的西方政治倾向和商业诉求,其呈现的结果也多是即时性数据与成绩,并不能全面真实地反映我国学科建设整体水平。

王传毅等[4]基于知识生产视角构建了学科可持续发展能力评价指标体系,从成果生产力、资源竞争力和团队支撑力三方面构建指标体系来反映学科的可持续发展能力,并通过实证分析证实该体系能够在一定程度上反映学科的未来发展趋势。蔡三发等[5]从教育系统工程的视角出发,应用层次分析法基本原理建构学科可持续发展度层次分析模型,确定学科方向前沿引领性、学科科研平台、学科团队协同能力、学科社会服务能力、国际交流与合作、学科研究生质量等是影响学科可持续发展度的主要因素。学术界对学科可持续发展能力研究涉及较少,通过对现有文献的比较分析,多数研究仍围绕学科建设的常规逻辑讨论,缺乏面向未来的视角,得出的结论仍有一定的局限性。

笔者认为,学科建设坚持可持续发展的理念,通过调整学科自身结构、推进学科交叉融合、促进学科内涵发展等一系列措施,能够增强人才培养能力、知识创新能力、科技贡献能力、社会服务能力等，促进学科可持续发展和迭代创新。厘清作为学科建设"加速度"即可持续发展能力的重要内涵能帮助管理和决策举旗定向，也能为学科的长远持久发展掌舵护航。面向当前我国高等教育高质量、内涵式发展的重要需求，基于可持续发展能力对学科的重要作用，本研究将从可持续发展的概念和理论出发，结合学科生长特点，研究学科可持续发展能力的内涵、特征，探讨学科可持续发展能力的表征维度及要素。

二、学科可持续发展能力阐释

为探讨学科的可持续发展能力，首先要了解可持续发展的理论和学科自身的生长特性，在符合学科生长规律的基础上结合可持续发展理论，找出可持续发展理论的表征度与学科生长特性之间的结合点，从而为表征学科的可持续发展能力提供可衡量的维度以及衡量要素。

（一）可持续发展理论

"可持续发展"一词在国际文件中最早出现在国际自然保护同盟 1980 年制定的《世界自然保护大纲》，其概念源于生态学，指的是对资源的一种管理战略。历经了 50 多年的发展演变之后，可持续发展已经逐渐从最初的探讨污染治理、环境问题改善等领域拓展成为一个在全球范围内关注人类共同解决环境与发展问题的新思想体系，是一套包含了人类经济活动与社会活动等各个方面的庞杂理论，是一个涉及经济、社会、文化、技术和自然环境的综合动态概念。

因研究者所考虑角度的不同，可持续发展的定义有很多种，《我们共同的未来》中对"可持续发展"定义为："既满足当代人的需求，又不对后代人满足其自身需求的能力构

成危害的发展。"[6]在中国科学院可持续发展战略研究组对可持续发展能力的认识中，可持续发展能力的定义是"一个特定系统在规定目标和预设阶段内，可以成功地将其发展度、协调度、持续度稳定地约束在可持续发展阈值内的概率"，即"一个特定的系统成功地延伸至可持续发展目标的能力"[7]。

（二）学科生长特性

学科是高等教育系统的基层组织基础，也被认为是人类知识体系的基本单元，学科生长方式与生命体的基本单元"细胞"非常相似，并且在生长的驱动性、生态性和周期性上都与生命体有着相近的特点。

1. 学科生长的驱动性

生命细胞的生长过程主要由处于生长繁衍状态的生命细胞吸收聚集环境营养分子进入体内并参与细胞自体结构的建设得以生长。从学科本身成长的角度，张瑾等[8]认为学科建设方式有两种，一种是知识积累自发演进成为学科；另一种是按照一定的需求顶层设计构建。因此，我们可以认为学科生长的驱动性主要包含了内生动力和外驱动力，内生动力主要是由学科与生俱来的使命和求知欲驱使，同时学科自身的内部发展的不平衡性和竞争性也能够驱动学科的互融、整合，萌发出新的学科增长点，催生出新的学科，类似于细胞的自体构建行为。另一方面，学科生长最大的外驱动力是国家战略需求，这也是影响学科发展外部资源投入的最大因素，类似于细胞从外界汲取的营养。学科生长的外部驱动尤其与经济社会的发展程度、国家重大需求等息息相关。如在前工业化阶段，人文、农学、医学、政治学、教育学等学科最先得到发展，起到了人类文明的启蒙作用。在工业化为主要驱动引擎时，理工学科走到了舞台中央。在信息化发展加速时，信息科学变得炙手可热等等。[9]高校

中的学科发展态势同样会受到经济社会的变化和国家战略中政策的调整所影响。

当前在我国的学科建设体系中,学科生长驱动性比较显性的体现是以国家战略需求引导的外部驱动力。从2022年2月公布的新一轮"双一流"建设名单来看,更多的基础学科和战略新兴学科被纳入建设范围。"双一流"建设作为我国新时代高等教育的战略工程,是整个学科建设和研究生教育工作的指挥棒。进入新发展阶段,在"双一流"学科建设思路中,积极瞄准国家高精尖缺领域、战略性新兴产业、传承弘扬中华优秀传统文化以及治国理政新领域新方向,去解决国家重大战略需求,探索前瞻性基础研究、取得引领性原创成果,同时将有组织的有主导驱动变量的学科生长方式引导转化为基层学术单元自我生长的内驱动力,使得学科生长的外驱动力和内生动力形成合力,促进学科知识体系不断发展壮大,产出具有重大影响力的学术成果。

2. 学科生长的生态性

与生物体的新陈代谢有很多相似之处,学科之间存在着学科生物链、生物圈现象,学科之间也如同自然界生态系统中的有机生命体一样具有互惠互利、竞争共生的动态关系。武建鑫[10]从组织生态学角度解构学科生态系统的特征,发现学科生态系统的基本要素有学科组织个体、组织种群、组织群落,这些基本要素围绕知识的生产、传播、应用等一系列活动,通过资源的输入、加工、输出,将参与活动的教师、学生、行政人员等群体组织起来形成一个自行组织、相对开放的生态系统。徐贤春等[11]认为学科生态系统是一个复杂有序的知识网络,学科生态系统包括四个主要因子:文化生态、学术生态、资源生态、人才生态。

随着学科生态学观念的不断普及,学科建设出现了更多新的方法和思路,更加重视

系统发展思维。涉及某一学科的生态观念,更多指的是学科在空间维度上的发展情况,需要考虑到该学科与其他学科之间,与周围环境之间的关系。钟辰[12]认为影响学科生态结构的可能有学科组织结构、学科制度和学科平台三个基本要素。深入了解学科的生态现象,分析影响学科生态的因素,可以洞察学科发展的深层机制,摆脱单一的、局部的、线性的建设思维限制,为学科组织的建设重构提供科学的判断依据,实现学科生态系统中各要素的健康良性循环,营造出具备开放性、多样性、包容性、有机性和成长性的学科发展"生态雨林",从而生长出更多的学科高原和学科高峰。

3. 学科生长的周期性

学科是一个知识体系经过长时间的演变、发展逐渐形成的概念。学科的生长必须放在较长的时间维度才能体现出一个知识体系的价值。宣勇等[13]论证了学科组织的生命特征,并提出了学科组织的成长可以分为生成期、成长期、成熟期、蜕变期四个阶段的生命周期模型,为每个阶段制定了不同的发展策略。因而,周期性是面向未来考虑学科生长的重要特点。张松[14]认为学科的起点是基础研究产生新的发现,社会萌发新的市场需求,成长期是体现出明显的科研价值,研究热度持续升温并获得眼光敏锐的业界企业关注等,而学科的蜕变期是产生社会需求衰退,产业过剩的现象。

学科的生长具有一定的周期规律,且在不同的生长周期表现出不同的学科特征,本文所关注的学科周期性问题,更多聚焦于某一大学的学科在时间维度上的发展。掌握学科生长的周期性,按照学科生长的周期性特征去观测学科的发展,能够踩准时间节点,在萌芽期迅速发现未来新兴学科,抢占学术发展先机。在合适的时间针对学科发展状况进行评估,加大或减少对某一学科建

设的投入,在资源有限的情况下,把精力和重心聚焦在重点领域、特色方向的创新与实质突破上,为发展速度较快的学科提供更大学科发展动力。同时也能在制定学科规划时针对不同类型学科生长的规律,更多考虑学科的未来发展与社会经济发展的匹配度,而不是过度追求短期发展效益。

(三)学科可持续发展能力内涵

根据学科自身的生长特性,可以将综合了生态学、经济学以及社会学等学科的可持续发展概念移植到学科领域,形成学科可持续发展能力的内涵。如果说可持续发展是对人与自然关系、人与社会关系的新认识、新思考,那么学科的可持续发展除了与学科自身的特性相关,也是一个涉及学科与参与主体(包括学生、老师和管理者等)关系,学科与社会经济发展关系等的综合问题。那么一个学科的可持续发展能力,指的是该学科能够长期合理向上发展,并且在相当长的一段时间内能保持和提升现有水平,这种能力包含了投入与产出的平衡、资源的有效充分利用、人才结构的平衡、学科的协同进化能力、扩展知识边界的能力等。

对应前文对于学科生长的三种特性分析,结合可持续发展理论的基本观点,我们尝试构建了学科可持续发展能力框架,如图1所示:可持续发展的发展度主要体现在学科发展的"驱动性"上,学科发展的"动力来源"从很大程度上能反映出学科未来的可持续发展能力,结合前文分析,其内容主要包含了国家战略需求引导、人才培养能力、师资队伍结构、平台建设4个要素。同样类比,协调度主要体现在一个学科的发展是否充分地兼顾了与周围学科的互生共存环境,学科的可持续发展能力呈现明显的"生态性",因此可以用"生态价值"来衡量学科可持续发展能力的公平维度,主要包括学科交叉融合、交流合作、制度建设、文化氛围4个要素。从持续度而言,对于学科来说,可持续发展不是短期的发展速度和发展质量,需要抓住"周期性"特征,在衡量学科可持续发展能力时注重可持续发展的"时间节律",该持续度主要体现在学科的前沿布局和重大成果引领等方面,对学科在整个人类未来历史进程中知识创造与传承的长期合理性进行衡量。具体构成学科可持续发展能力的要素如图2所示。

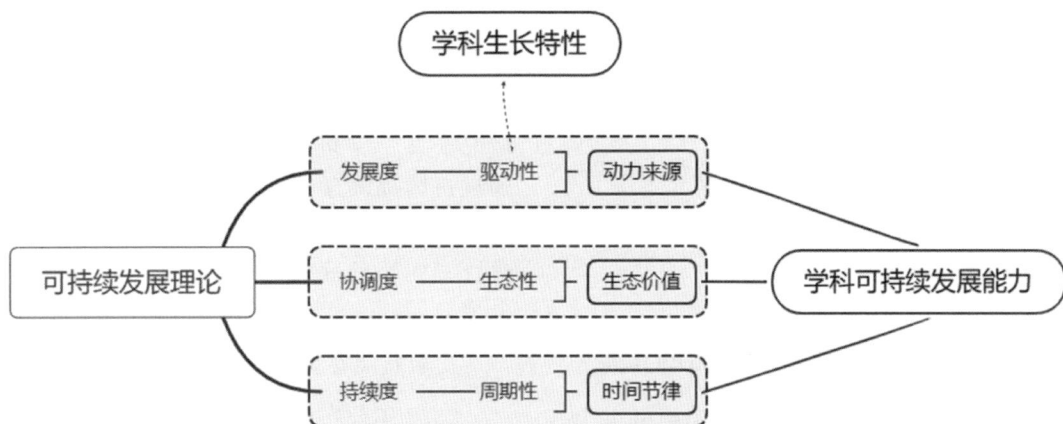

图1　可持续发展理论与学科生长特性之间的关系

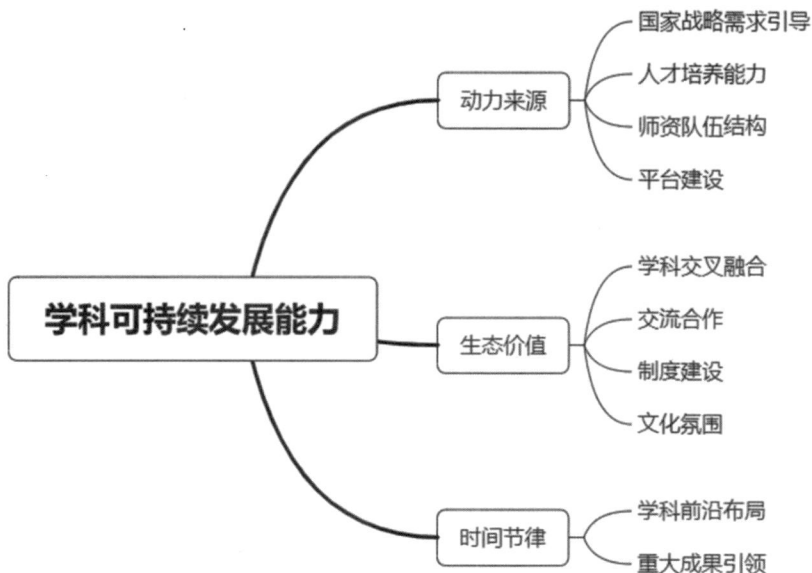

图2　构成学科可持续发展能力的要素

基于以上的观点,我们认为学科可持续发展能力是建立在可持续发展理论基础上,体现学科生长驱动性、生态性和周期性的特性。深入挖掘学科可持续发展能力的内涵和要素,合理分析其价值取向和定位,可以为学科建设提供新的空间和视角,将学科建设的重点从简单的物质投入、硬件投入、局部性投入逐渐转向人才投入、软实力投入、全局性投入,更好地整合资源,确保学科的发展方式由粗放型的外延式发展转变为更加健康的内涵式发展,促进学科朝着更有利于经济增长和社会文明进步的方向发展。同时可持续发展概念中所蕴含的哲学反思,也将为学科发展提供更全面系统化的建设思路。

三、提升学科可持续发展能力的策略

了解学科可持续发展能力的内涵及其构成要素可以帮助我们在对学科的可持续发展能力评价时做出更加准确的判断,根据动力来源、生态价值和时间节律三个维度中的不同要素不断地提升学科可持续发展

能力。

(一)可持续发展动力来源

如前文所述,一个学科向上生长的动力包括了外在驱动和内生动力,具体来说,学科的发展需要资金、人才和高质量生源等资源支持,这些要素既是学科发展的动力来源,也是学科蓬勃发展的主要体现。其中满足国家重大战略工程和区域发展的需要、循环递进的拔尖人才培养能力、青蓝相继的师资队伍结构、新兴高水平的科学研究平台是学科可持续发展的主要动力。通过持续提高学科在人才培养、师资队伍建设、科学研究水平等方面的能力,加强优势资源的互动联通,以此促进学科可持续发展。

1.积极响应国家战略需求

2022年公布的新一轮"双一流"建设学科,要求更加突出培养一流人才、服务国家战略需求、争创世界一流的导向,更多与国家战略相契合的学科进入"双一流"建设的序列中。近年来,集成电路、国家网络安

全、区域国别学学科的重视和崛起体现了国家意志,相关学科的研究项目不断增加,人才队伍不断庞大。科研项目资助是有关单位、部门或社会团体和名流对科学研究项目及参加研究人员给予经费、物质上的支持。国家层面科研项目的资金投入直接体现国家战略需求,揭示着对该学科领域研究前沿的投入力度,既是学科发展的稳定剂,也是新兴学科发展的催化剂。以我国国家自然科学基金委的基金项目为代表的科研资助项目,多年来培养了大量研究生,不少学者成为我国高校和科研单位的学术骨干,更有多次获得基金资助的优秀学者成为院士,扮演着学科带头人的角色,为项目所资助的学科领域提供着源源不断的发展动力。

2.循环递进的拔尖人才培养能力

提高人才培养水平和质量是大学学科建设的不可忽视的主要任务,学科的方向、特性和结构等也奠定了人才培养质量的基础条件,培养出能够胜任学科领域或与学科相关职业的从业者,并具有高度学科忠诚度与归属感的学科后备人才培养能力是保证学科不断创新、自我造血的前提,两者能够互相促进,相辅相成。[15]党的二十大报告提出,"全面提高人才自主培养质量,着力造就拔尖创新人才"[16],在这一点上拥有循环递进、自我造血的人才培养能力至关重要,北京大学数学学科就是一个很好的例子。20世纪末,大批院士专家长期活跃在北京大学数学的教学一线,为数学学科培养了大量的优秀人才,诞生了广为人知的北京大学数学"黄金一代"——1999级的刘若川、许晨阳,2000级的恽之玮、张伟、袁新意、朱歆文,2001级的肖梁、鲁剑锋等世界级的青年数学家,如今这些世界顶尖数学家纷纷回归反哺学科发展,为北京大学数学创造新的辉煌。

3.打造青蓝相继的人才队伍结构

合理的人才结构包括年龄结构、职称结构、学历结构、学科结构以及学缘结构等构建的人才梯队结构。充足的人才资源和合理的人才结构更容易在学术竞争中具备发展后劲。在年龄结构上,高校的人才结构在年龄上应呈正态曲线分布,形成合理的老中青年龄梯队,避免若干年后学科的发展出现人才青黄不接的状态。培养出能够尽快在人才培养和科学研究等大学功能活动中发挥更大作用的青年教师也是学科建设的重要目的之一,否则在遇到学科建设瓶颈时就只能通过向外引进学科带头人的方式来解决,这样的发展模式不具备可持续性。浙江大学动力工程与工程热物理学科是青年科技人才梯队建设的典范。在成立以来43年的发展历程中,以岑可法院士为带头人的能源工程学院培养了众多人才,学科的人才队伍建设在老中青结合、学生传帮带、交叉融合、校企结合和中外合作等五个方面积累了丰富的经验,为学科的可持续发展提供了充足的动力。

4.构建新兴高水平的科学研究平台

现代大学发展至今,科研创新平台逐渐成为高水平科研产出和优秀学术人才培养与聚集的重要基地,是许许多多国家重大原始创新、重要学术成果诞生的"加速器"与"倍增器",为促进大学的学科发展乃至经济与社会发展提供科研创新动力和保障。美国国家实验室劳伦斯伯克利实验室诞生之初仅是加州大学物理系的附属实验室,实验室的核心基础设施是建设了当时全世界第一台加速器,后因一些医学博士需要使用加速器,主动加入实验室,开启了劳伦斯实验室学科交叉的传统,实验室逐渐成为具备回旋加速器、质子直线加速器、液氢气泡室等先进科研设施的全球顶尖科研机构。截至2019年底,实验室汇集了1469名各领域的科学家和工程师、428 名博士后专职研究人员、441 名研究生和本科生、2043 名来自世界各地的访问学者等，[17] 截至目前共获得 16 项诺贝尔奖（其中 1 项为诺贝尔和平奖），支撑了高能物理、地球科学、化学科学、能源科学、计算机科学等十几个学科的发展。

（二）可持续发展生态价值

学科生态包含了学科互相竞争与融合的协调、学术自由与学术规范之间的协调、开拓创新与有效传承之间的协调等，坚持内在理论与外在建构并重，学科方向与人才培养一体，学科队伍建设与科学研究相融合，创新发展与对外开放协同，统筹协调各类因素才能达到整体可持续发展的效果。

1. 多层次大跨度实质性的学科交叉融合

科学上的重大创新、重大突破以至新学科产生，大多是在不同学科彼此交叉和相互作用过程中形成的。现代很多重大突破性研究成果都是建立在多个学科高度交叉融合的基础之上。单一学科研究越来越难以解决现实中复杂的重大问题。诺贝尔奖百余年来，将近 41% 的成果属于交叉学科，尤其是 21 世纪以来，跨学科成果占半数以上。[18] 多学科参与研究有利于产生新的知识生长点，进而推动学科发展。如美国加州大学伯克利分校在植物、生物、化学等学科交叉研究的基础上，产生了分子细胞生物学的研究方向，进一步推动了原有的生物学科的发展。[19] 多学科交叉融合有利于产生交叉学科。学术界普遍认为交叉学科是一种相对独立的学科形式存在，两门及以上不同学科领域相互交叉和融合形成的"新兴学科"，远的例子如法国数学家勒内·笛卡尔是最早探索并尝试在不同学科间进行交叉研究的学者。他率先将两个独立不相干的

研究对象数和形进行交叉融合，在数学科学领域中构造了全新的交叉学科——解析几何。[20] 近的例子如为了解决日益复杂的计算问题，数学、电子学、语言学等学科交叉产生了计算机学科。

2. 开放包容的学术合作交流环境

学术研究的根本是交流，从合作的对象来分不仅仅有跨学科合作形成更多的学科增长点，还有高校和企业的产学研合作、国际合作等为学科发展注入新的活力，是一种很好的资源互通、良好生态构建的方式，这些合作能够促进人才交流、活跃学术思想、提高师资教学水平。20 世纪 50 年代，斯坦福大学曾凭借电子工程和物理两大优势学科，以出租校园土地的方式兴办工业园区，与新兴电子产业界密切合作，学科水平大幅度提升，同时成就了闻名世界的硅谷。入驻企业成功后在校内继续投资建立一流学术研究中心（如惠普公司两位创始人捐赠母校 920 万美元），吸引到更多优秀的老师和学生来此科研，斯坦福大学的电子工程、物理遂成为享誉全球的顶尖学科。高校之间的联盟对高校自身的发展意义重大，近年来，诸如财经一流学科建设联盟、医学"双一流"建设联盟、"双一流"农科联盟、长三角研究型大学联盟等学科联盟或大学联盟在我国纷纷成立，通常联盟不同成员对优势资源的占有量和占有类型均有所差异，成员高校在"优势互补，资源共享"的原则下进行联合培养本科生和研究生、联合举办暑期学校、开展教材建设以及教师队伍建设等活动，通过贡献各自优势资源，实现优势资源在联盟内的共享、共用，发挥优势资源的最大效用。因此，我们需要在学科互涉的生态环境中增加大学与大学、大学与社会间的跨界交往频率。[21] 当前，国内外对科研合作与科研表现之间的关联关系进行的研究很多，在当前的世界体系学科水平评价体系中，提升

学科在学术共同体内的学术影响也成为学科建设的主要目的之一。国际合作的学术成果发表和传播是学科声誉提升的重要路径之一，国际声誉的提升也能进一步吸引更多高水平学者加入学科组织，形成良性循环。

3.注重学科发展内涵的制度建设

任何组织的结构和行为必然受制于所处的制度环境[22]，学科的发展也不例外。一流学科的建设和发展受国家政策中有关学科设置、学科评价等多方面的政策和制度影响。一旦学科出现被过度制度化、同一化和格式化的管理倾向，容易产生组织路径依赖，导致学科内在的发展动力不足。而过度追求绩效主义的量化评价容易将学科建设扭曲成一项追逐指标排名的游戏。在制度化形式能够满足学科正常发展的基础上，优化学科建设的制度，尊重学科发展规律和特征，保护在科学探索上的学术自由，有效发挥学术组织的学术自治作用，充分激发高校在学科发展上的内生动力，将具有深厚学术功底的知识精品产出作为学科发展成效，才能保障学科突破约束、克服依赖、可持续发展。

4.创造积极健康的学术文化氛围

文化氛围为学科发展注入活力，既包括学术自由的氛围、历史传承的氛围、爱岗敬业的氛围、尊师爱生的氛围、公平公正的氛围等；也包括做事的氛围、科研的氛围、教学的氛围、合作的氛围、攻关的氛围、传承帮带的氛围等许多层面。西南联大在抗日战争8年时间，"内树学术自由之规模，外筑民主堡垒之称号，违千夫之诺诺，作一士之谔谔"，虽身处边陲，却引领学术思想，西南联大教师投身科学探索和学术研究，产出许多世界级的科学研究成果，奠定了日后各学科发展基础，培育的高层次人才甚至超过北大、清华、南开三十年所出，创造了中国乃至世界教育史上的伟大奇迹，这一奇迹背后正是牢固树立的联大精神和文化氛围。

(三)可持续发展时间节律

了解和掌握学科的周期性特点，尤其是在不同生命周期的状态及科学研究和实践应用方面所表现出的特征，能够帮助决策者及时发现新兴学科的产生，判断出在合适的时间周期上对该学科的教育科技资源投入，加速学科成长，缩短发展周期，在世界科技竞争中赢得先机。

1.面向未来的前沿学科布局

高等教育是支撑引领现代化强国建设的重要一环，前沿学科布局关涉高等教育系统的内部机制，为科技创新提供基础保障。谷歌顶级未来主义演说家、IBM工程师托马斯·弗雷认为，传统大学的思维已经落后于科技发展，当前教育体系需要更加具有前瞻性，大学需要把目光放在7~10年后的产业应用上。随着高等教育与科技发展的关系不断深化，学科受到知识体系发展与经济社会需求两方面的综合影响和制约，美国、英国、德国等西方国家的科技创新基于前沿学科布局而逐步发展，通过前沿学科布局来推动科技创新，以此实现高等教育强国的战略目标，最终在全球科技竞争中走在前列。从历史发展角度来看，18世纪60年代第一次科技革命如火如荼，如何使用机械化生产代替手工劳动成为高等教育关注的重点。得此先机，牛津大学、剑桥大学逐渐成为引领世界高等教育发展的顶尖名校，步入了以学科为基础的制度化生成阶段。随着第二次科技革命的到来，美国高校纷纷布局以工程学、动力学为代表的新兴学科，世界高等教育的中心逐步转移至美国，基于学科的高等教育制度也进入了体系化的新阶段。在新的科技革命到来之际，布局好前沿学科支持科技创新，抢占世界科技发展的有利位置是支撑国家高等教育强国建设不可推卸的使命。

2. 重大学术成果引领新的学科增长极

高等教育机构排名的柏林原则也认为在考察大学排名时尽可能优先评价产出而不是投入，同行认可、高引用率、论文发表的学术期刊层次的指向都是能被认可的一流学术成果，学术成果与文明贡献也是社会上对于"一流"的共识。[23]一流的学术研究成果应当具有以下的特征之一，一是从空间维度看，能够解决与人类生活、社会生产息息相关的问题，二是从时间维度看，具有很强的前瞻性，能够对未来5～10年甚至更久的时间产生深刻影响。19世纪中期，德国吉森大学李比希团队在当时鲜有人涉足的有机化学领域进行了系统研究，在证实"同分异构"现象的普遍性、碳氢分析法精确测定有机物组成元素及其比例、有机基团理论和有机多元酸理论等方向取得重大学术突破，成为引领未来几十年化学学科的风向标，而吉森大学化学学科也在很长一段时间内成为开创现代大学化学教育新时代的奠定者。DNA双螺旋结构的发现与相对论、量子力学同被誉为20世纪自然科学领域最为重要的三大成就。它的发现，为人类揭开生命遗传的神秘面纱，同时意味着分子生物学这一新兴学科的正式诞生，人们对发育、遗传、进化和衰老等生命活动的研究进入了分子水平，开启了疾病控制和设计育种改良等具有划时代的科学研究。进入"双一流"建设以来，国家在学科的评价导向上更加重视一流学术成果的产出，相信在不久的将来便能不断涌现出新的学科增长极，产生更多科技创新上的重大突破。

四、结论与展望

一流学科建设成效的评价是一项系统的工程，可持续发展能力就是一项值得深入挖掘的课题。尽管本文对学科可持续发展能力的内涵、特征等进行了解析和探讨，从三个维度构建了学科可持续发展能力的评价要素，一定程度上为一流学科建设的可持续发展能力研究提供了新的研究思路和应用参考，但仅仅通过理论的探讨和阐析难免会疏漏部分影响因素，尚无法实现预期的分析、评价功能。对于不同门类的学科，因其学科特点的不同在可持续发展能力的特征上也会有不同的表现，尤其是不同评价要素应当占有不同的分析权重，评价要素的有效性仍需通过一些实证案例的分析来得到进一步的验证。后续希望通过多个不同背景学科的案例来证实评价维度的可行性和有效性，并将这些评价要素运用到更多的学科评价场景，实现对学科建设未来发展的指导作用。

参考文献

[1] 邱水平. 对新时代中国高等教育内涵式发展的几点思考[J]. 中国高等教育, 2020(19): 12.

[2] 中国政府网. 教育部财政部国家发展改革委关于印发《"双一流"建设成效评价办法（试行）》的通知[EB/OL]. （2021-03-23）[2023-04-26]. https://www.gov.cn/zhengce/zhengceku/2021/03-23/content_5595085.html.

[3] 瞿振元. 以导向鲜明的成效评价推动加快"双一流"建设[EB/OL]. (2021-03-23)[2023-04-26]. http://www.moe.gov.cn/jyb_xwfb/moe_2082/2021/2021_zl22/202103/t20210323_521952.html.

[4] 王传毅, 程哲, 王宇昕. 学科可持续发展能力评价的指标体系构建：基于知识生产的视角[J]. 学位与研

究生教育,2020(3):1.

[5] 蔡三发,任士雷,王倩."双一流"建设背景下学科可持续发展度评价指标体系构建[J].复旦教育论坛,
    2020,18(2):86.

[6] 柳洲.高校跨学科科研组织成长机制研究[D].天津:天津大学,2008:121.

[7] 牛文元.可持续发展的能力建设[J].中国科学院院刊,2006(1):8.

[8] 张瑾,陈燕,林梦泉.学科建设水平评价与成效评价的内涵及应用策略探析[J].研究生教育研究,2022,
    69(3):83.

[9] 杨卫.研究生教育动力学[M].北京:科学出版社,2021:3.

[10] 武建鑫.学科生态系统:论世界一流学科的生长基质——基于组织生态学的理论建构[J].江苏高教,
     2017(4):7.

[11] 徐贤春,朱嘉赞,吴伟.一流学科生态系统的概念框架与评价模型:基于浙江大学的实证研究[J].江苏
     高教,2018(9):16.

[12] 钟辰.基于一流学科成长的学科生态建设研究[D].湖北:武汉理工大学,2020:37.

[13] 宣勇,张鹏.组织生命周期视野中的大学学科组织发展[J].科学学研究,2006(S2):366.

[14] 张松,张国栋,王亚光.生命周期视角下新兴学科的生命发展评价研究[J].科学学研究,2018,36
     (5):778.

[15] 别敦荣.学科建设与人才培养[J].大学与学科,2020,1(1):38.

[16] 中国政府网.习近平:高举中国特色社会主义伟大旗帜 为全面建设社会主义现代化国家而团结奋
     斗——在中国共产党第二十次全国代表大会上的报告[EB/OL].(2022-10-25)[2023-04-26].https://
     www.gov.cn/xinwen/2022-10/25/content_5721685.html.

[17] 李阳.基于比较视角的中美国家级实验室建设研究[D].长春:吉林大学,2021:83.

[18] 金力.学科交叉已成为高水平科研与顶尖人才的重要特征[EB/OL].(2022-07-01)[2023-04-26].
     https://news.fudan.edu.cn/2022/0701/c47a131821/page.html.

[19] 刘献君.学科交叉是建设世界一流学科的重要途径[J].高校教育管理,2020,14(1):2.

[20] 郭柏林,杨连生.高校交叉学科发展困境及破解蠡测:基于"学术部落化"的考察[J].高教探索,2022,
     225(1):38.

[21] 陈亮.新时代学科治理的发生机理[J].高校教育管理,2022,16(2):85.

[22] KRUPA D. Institutionalized Organizations:Formal Structure as Myth and Ceremony[J]. American
     Journal of Sociology,1977,83(2):342.

[23] 闵祥鹏.国际学术机构、一流研究成果与优势特色学科建设:基于全球主要学科评价标准的分析[J].
     教育现代化,2016,3(15):37.

The Sustainable Development Capability of the Discipline:Connotation and Factors

Tang Ning, Xia Wenli, Zhang Dongliang

Abstract: Facing the goal of building a strong country of higher education in 2035, the construction of first-class disciplines must be rooted in the concept of sustainable development. This paper mainly starts from the concept and theory of sustainable development, and in view of the driving, ecological and cyclical characteristics of discipline growth, constructs the evaluation elements of discipline sustainability from three dimensions:"power source", "ecological value" and "time rhythm", in an attempt to establish a three-dimensional and all-round management idea for evaluating the future development trend of a discipline. In terms of the elements to enhance the sustainable development capability of the discipline, "power source" includes four elements of national strategic demand guidance, talent cultivation ability, faculty structure, and platform construction; "ecological value" includes four elements of disciplinary crossover, exchange and cooperation, institutional construction, and cultural atmosphere; and the "time rhythm" includes two elements of disciplinary frontier layout and major achievement leadership. Ideas for assessing and managing the sustainability of disciplines can provide appropriate references for management practitioners and researchers of disciplinary development.

Keywords: Discipline Construction; the Sustainable Development Capability; Evaluation Elements

The Dilemma and Wayout in Training Top-Notch Innovative Talents of Basic Disciplines in "Double First-Class" Universities

"双一流"高校基础学科拔尖创新人才培养的困境与出路[①]

|仝颖凯|　|徐晓飒|

【摘　要】　培养拔尖创新人才是深入实施创新驱动发展战略、增强我国国际竞争力的重要环节和必然要求。基础学科是技术革新、创新发展的基础。"双一流"高校是基础学科拔尖创新人才培养的中坚力量。近年来,"双一流"建设为我国高等教育振兴带来了前所未有的机遇,地方高校入围"双一流"建设的数量有所增加,人才自主培养质量不断提高。作为新时期优质高等教育资源的主要形式,为经济社会发展培养拔尖创新人才是"双一流"高校的核心使命,是提升我国人才自主培养质量的重要突破口。拔尖创新人才培养计划实施十余年来,取得了显著成效,但是整体上基础学科拔尖创新人才培养能力还有较大提升空间。因此,深度剖析"双一流"高校基础学科拔尖创新人才培养的困境,探寻人才培养的现实出路,是实现我国高等教育高质量发展的重要转向逻辑。

【关键词】　"双一流"高校;基础学科;拔尖创新人才培养;困境;出路

---

①作者简介:仝颖凯,河南师范大学博士生,任职于河南省教育厅人事处;研究领域为教育领导与管理。
　　徐晓飒(通信作者),河南牧业经济学院副教授,博士;研究领域为高等教育管理、人才培养。

一、问题的提出

2020年，教育部印发《关于在部分高校开展基础学科招生改革试点工作的意见》（以下简称"强基计划"），旨在进一步明确高校参与招生录取的角色定位，构建创新多元的人才选拔机制以及探索符合人才成长规律的培养模式。[1]

2022年2月，习近平总书记主持召开中央全面深化改革委员会第二十四次会议，强调要加强基础学科人才培养，对新时代我国高校人才培养提出了更高的要求。同年10月16日，习近平总书记在党的二十大报告中强调："我们要坚持教育优先发展、科技自立自强、人才引领驱动，加快建设教育强国、科技强国、人才强国，坚持为党育人、为国育才，全面提高人才自主培养质量，着力造就拔尖创新人才。"[2]拔尖创新人才是推动社会政治、经济、科技、文化发展，解决"卡脖子"问题的关键因素，是提升国家创新能力的重要力量。"拔尖创新人才"一词最早出现在党的十六大报告中，尽管截至目前国内学界对拔尖创新人才的概念一直没有统一的认识，但是有不少学者对拔尖创新人才的内涵和维度进行了研究。综合已有研究成果，本文认为所谓拔尖创新人才是指，在各行各业中，具有精深的专业造诣、强烈的社会责任感以及创新精神和能力，并且能够通过带领某一领域的变革，对社会作出突出贡献的杰出人才。本文关于拔尖创新人才的学历限定范畴在本科及以上。

人类历史上每一次基础科学领域的重要突破都会带来技术革新，进而带来人类社会的巨大进步和文明的大发展。[3]作为国家高等教育体系和创新体系的重要组成部分，着力培养适应国家与区域战略需求的基础学科拔尖创新人才是"双一流"高校的重要责任和使命。我国关于拔尖创新人才的研究起步较晚，最早可以追溯到2009年，当时为了回应"钱学森之问"，启动了"基础学科拔尖学生培养试验计划"，简称"珠峰计划"。"珠峰计划"最初只是在小范围内进行，主要由指定的大学选拔11所独立学院作为试点，将天赋禀异的学生纳入拔尖计划进行培养。在培养过程中，建立学生选拔、师资团队建设、培养模式构建、育人环境营造、制度创新、硬件条件支撑以及国际合作7个方面建立一体化拔尖人才培养体系。此后，在"珠峰计划"推动下，国内更多"双一流"高校陆续参与拔尖创新人才培养计划。经过十余年的发展，包括北京大学和清华大学在内的20所"双一流"大学在数、理、化等基础学科进行试点拔尖创新人才培养，在开展因材施教、吸引学术大师参与、加强国际化培养等方面取得了阶段性成效。[4]与此同时，行业特色高校均依托自身的特色学科自发探索创新人才培养模式。行业特色高校作为国家高等教育体系和创新体系的重要组成部分，在推动行业创新发展中发挥重要的理论牵引、战略引领、技术突破和人才输送等作用，形成的特色学科优势无可替代。[5]

基础学科拔尖创新人才作为国家和区域发展的战略内生力量，在支撑区域经济振兴、文化振兴、教育振兴、人才振兴方面发挥着更为突出的作用，承担着为国家经济社会发展提供人才支持和智力支撑的重要使命。[6]截至2022年，我国高等教育毛入学率达到59.6%，普通本科招生规模达到467.94万人，但与庞大的基数相比，高素质拔尖创新人才比重却严重不足。[4]作为新时期优质高等教育资源的重要形式，"双一流"高校应责无旁贷地担负起基础学科拔尖创新人才培养的时代重任，这是我国高等教育所面临的新挑战和机遇。

目前的研究多集中在基础学科拔尖创新人才的影响因素、培养模式、案例和实践等方面,但对于"双一流"高校基础学科拔尖创新人才的困境和应对措施的研究还有待加强。虽然"双一流"建设正在稳步推进,越来越多的高水平大学入围"双一流"序列,人才自主培养质量也在不断提高,但由于"双一流"高校数量和质量仍有较大提升空间,加之我国拔尖创新人才培养起步较晚,经验不足,基础学科拔尖创新人才的培养能力亟须提升。因此,应该清晰认识"双一流"高校基础学科拔尖创新人才培养的困境,制定有针对性的对策建议,以推进我国高等教育现代化。这既是面临挑战和机遇的必要之举,也是紧跟时代步伐的重要举措。

二、"双一流"高校基础学科拔尖创新人才培养的困境

拔尖创新人才培养涵盖了许多关键组成部分,其中既有基础人才培养要素,也具备拔尖创新人才的独特特点。本文根据高层次人才成长规律和人才培养的结构、功能和特点,从"培养什么样的人""怎样培养人""需要怎样的条件支持"以及"培养效果如何"等四个核心要素对基础学科拔尖创新人才培养进行了深入探讨,涉及培养目标、培养过程、支撑条件及效果评估等内容。这些要素之间相互依赖、相互协同,构成一个相对稳定的模式体系,以最大化发挥拔尖创新人才培养的作用。我们可以从以下几个方面分析"双一流"高校基础学科拔尖创新人才培养所面临的困境。

(一)培养目标导向化,人才的"模式化"培养模式难以突破

培养目标定位是人才培养的顶层设计,决定和引领着人才培养工作的开展。在我国,拔尖创新人才培养具有明确的建设目标设定,在这种顶层设计思想的指导下,一般认为"双一流"高校拔尖创新人才培养应服务于国家和区域发展战略需求,符合高等教育人才培养规律等。因此,被选拔进入拔尖创新人才培养队伍的学生,应按照既定目标所应具备的状态和素质进行培养。这种人才培养逻辑显示了我国拔尖创新人才培养的预判性、规划性和刚需性。这种自上而下的人才培养行为可以首先满足教育外部环境对人才的需求,较好地完成拔尖创新人才培养的应然目标。

在教育领域,无论是历史经验还是现实实践,无论是国际领先理念还是国内探索,都充分证明了个性化发展在培养创新型人才中的必要性和重要性。然而,在我国的教育实践中,长期以来的传统教育理念强调按照特定目标和模板来"培养"和"塑造"青少年学生,对他们的个性化发展并未给予足够重视。这主要表现为忽视学生个体多元化发展需求,无形中抑制了学生群体的个性化成长。在一定程度上,模式化已成为我国高等教育的习惯。众所周知,人才培养的核心是"人",而拔尖创新人才的核心在于创新性。应试教育则是创新的克星。我国素质教育起步较晚,特别是在经济欠发达省份和广大乡村地区,应试教育的影响根深蒂固,有的地区甚至仍深陷应试教育的泥潭。加之高考指挥棒始终发挥作用,导致教育基本环境不利于培养学生的创新思维和能力。当前,"双一流"高校基础学科拔尖创新人才培养形式逐渐多样化,有个性化培养倾向,如小班化教学、个性化和多元化培养的顶层设计、导师制教学、动态调整化管理等。这些理论上符合拔尖创新人才多元智能化发展规律,但在实际培养过程中仍难以摆脱建设目标的规约,人才培养的模式化习惯难以突破。因此,将个性化发展作为当前我们教育改革的要旨,是新时代我国经济社会创新发展对教育的期盼和呼唤。

（二）顶层设计与实践操作之间的耦合不足

在拔尖创新人才的培养过程中，实现培养目标是至关重要的。然而，在我们的调查和研究中发现，许多"双一流"高校在基础学科拔尖创新人才培养过程中过于注重顶层设计，而忽视实际操作。这种现象反映了人才培养过程中的功利主义倾向。众所周知，自2017年起，"双一流"建设工程的实施使许多地方的优秀大学成为"双一流"高校，同时也有许多优势学科跻身"一流学科"。这些学校和学科是各省高等教育的佼佼者。然而，人才培养具有较强的周期性和持续性，仅仅因为加入"双一流"行列，并不能立即实现人才培养的飞跃式发展。这正是新晋"双一流"高校需要潜心沉淀并逐步实现突破的核心任务。然而，一些高校受到急功近利的思维影响，无法保持耐心静待花开，难以全身心投入拔尖创新人才培养的全过程。在培养过程中，有些学校刻意追求"拔苗助长"的做法，设定过于抽象的培养目标。这种过于功利化的人才培养价值观，导致拔尖创新人才在培养过程中实际操作性较弱。

主要问题体现在以下几个方面：首先，拔尖创新人才培养缺乏整体性和关联性的课程体系。尽管学校投入大量资源设置丰富的课程，以体现拔尖创新人才培养与普通学生培养的优势和特点，但学生在完成课程学习和考核的过程中耗费了大量时间和精力，反而导致自主创新空间不足，这与培养拔尖创新人才的初衷相悖。其次，教学团队的胜任力不足。拔尖创新人才培养需要高校顶尖师资组成教学团队，但由于培养过程对教师素质和专业水平要求较高，评价压力大，导致教师参与积极性不高。特别是在中西部地区的"双一流"高校，受地域、交通和发展瓶颈的影响，优秀师资流失严重，引才面临巨大压力。在双重困境下，拔尖创新人才队伍的组建只能依托现有师资，教学质量难以把控，使得导师制、研讨课、office hour等教学形式难以达到预期效果。一些研究表明，部分高校在培养拔尖创新人才时仍然采用传统的课堂教学方式，没有突出学生的创新能力和自主学习能力，甚至填鸭式教育和满堂灌还在课堂中普遍存在。还有的高校实践教学形同虚设，校企合作项目流于表面，学校出面为学生促成实习的意识不强，这导致拔尖创新人才培养仍然只停留在理论，缺少实践操作训练，学生创新能力不足。[7]三是拔尖创新人才跨学科联合培养多流于形式。跨学科联合培养是拔尖创新人才培养的重要内容，"双一流"大学中实力较强的研究型大学跨学科联合培养机制已经建立，但是不同学院和学科之间的协同育人实践仍面临许多实际问题，如学院目标绩效考核的量化、学科团队之间的壁垒、深入交流融合机制的建立等。对于新晋"双一流"高校，他们面临的压力更大，这些高校通常只有少数优势学科入选，难以组建实力强大且学科全面的培养团队，这成了这些高校在短期内难以跨越的拔尖创新人才培养难题。上述种种表明，拔尖创新人才培养的顶层设计存在脱离国情、教育现状的现象，现实操作和顶层设计之间尚未形成良好的互动机制。

（三）"双一流"高校稀缺，培养拔尖创新人才的基础薄弱

"双一流"高校是拔尖创新人才培养的重要依托，目前而言，我国整体上"双一流"高校数量的不足，且在各省域分布极不均衡，造成了拔尖创新人才培养的学科和专业基础较为薄弱的同时，培养质量参差不齐。对此问题的解释需要对我国"双一流"高校在各省域布局的现实状况与历史进行描述与追溯。

从高等教育资源存量上看，我国高等教

育资源的分布可以大致分为高等教育资源存量高度富集区、富集区、匮乏区和极度匮乏区。就目前我国高等教育省域布局状况来看，高等教育资源在 31 个行政省区的协调性也存在巨大差异。把高等教育资源的协调性按照协调的程度来划分，有极度失调区、严重失调区、中度失调区、轻度失调区、勉强协调区、初级协调区和中级协调区。[8] 其中西藏、云南、广西、河南、江西、内蒙古、河北、山西为极度失调省区，贵州、湖北、山东、黑龙江为严重失调省区。

随着人们生活水平的大幅提高，人们对优质高等教育资源的需求日益强烈，但是，由于我国重点大学的布局一直以经济文化发达的东部地区为主，一定程度上忽视了中西部地区优质高等教育资源的发展与布局，尽管经过多年国家政策支持，西部高等教育面貌有了极大改善，但由于东部经济发展十分迅速，中西部高等教育与东部高等教育相比，差距不仅没有缩小，而且还有加大的趋势，[9] 形成了优质高等教育资源省域布局不协调的局面。

现阶段，在我国"双一流"建设的进程中，优质高等教育资源在不同区域之间的布局依然存在显著差距。从 2017 年教育部联合多部委公布了入围"双一流"建设的高校名单，从各省域入围"双一流"高校总数（"一流大学"高校数和"一流学科"高校数之和）以及入围"一流学科"总数来看，它们在不同省域间的分布仍存在巨大差距。在第一轮"双一流"建设名单中，共有"一流大学"建设高校和"一流学科"建设高校 137 所，这些高校共囊括了 465 个"一流学科"。它们在我国东部、中部、西部和东北三省分布如表 1 所示。

表 1 "双一流"建设大学区域布局情况[10]

地区	"双一流"高校/所	高校占比/%	一流学科/个	学科占比/%
东部	80	58.39	326	70.11
中部	18	13.14	60	12.90
西部	28	20.44	51	10.97
东北三省	11	8.03	28	6.02
合计	137	100	465	100

"双一流"建设工程的实施为中西部高等教育质量的提升带来了机遇。在教育部公布了首轮进入"双一流"建设的高校名单中，中西部省域的郑州大学、云南大学和新疆大学入围；在第二轮"双一流"建设高校名单中，中部地区新增山西大学入围。目前而言，在中西部"双一流"建设高校队伍中，除去原 211 和 985 高校外，地方高水平大学占有一定比例，这些高校虽然是各省份高等教育的佼佼者，处于领头羊的位置，是地方经济社会发展的重要人才和科技支撑，然而，相较于中西部原有 985 和 211 高校，拔尖创新人才培养的经验以及能力还存在一定差距。

由此可以清晰地看到，中西部高等教育的高质量发展与国家"双一流"高校的布局紧密相关，作为区域拔尖创新人才培养的核心基地，中西部"双一流"高校的数量稀缺，导致了拔尖创新人才基础的薄弱。

(四)培养评价机制尚不完善,学生出口较为单一

据统计,"珠峰计划"实施以来,在拔尖创新人才培养数量和质量上均取得了可喜成效。截至2020年6月,参与培养的人才共计万余人,顺利毕业的为6600余人,毕业率达到六成以上。在科学研究方面,有两名优秀毕业生进入全国人才项目,另有四十余名学生远赴世界一流大学任职,深造率全部达到95%以上。[11]45这些成果凸显了"珠峰计划"对我国高等教育人才培养质量的积极推动作用,表明人才的科研能力得到了彰显。然而,我们也可以从中发现,从拔尖计划实施至今,科研成果为评价的主要参数,这使得拔尖创新人才培养更偏向学术化。虽然这样的评价标准容易量化且具有较高的可视化程度,但其单一性在某种程度上限制了拔尖创新人才培养的多元化发展。

根据《"基础学科拔尖学生培养试验计划"实施十年高校自评报告》,在"珠峰计划"试点高校中,学校投资最高达3亿多元,最低也达3000多万元。北京大学投入32704万元,清华大学投入23300万元,西安交通大学、四川大学、兰州大学相关投资也分别为10498.28万元、9051.02万元、7373万元。这些经费用于学生国际交流、科研训练、学业指导、社会实践活动及师资聘请等方面,但从"珠峰计划"毕业生去向看,全国范围内32%的学生进入世界学科排名前50名学校深造。[11]37虽然这证明了我国在培养拔尖创新人才方面取得了显著成果,学生能进入世界名校深造,但是这些学生能否回国参与科研工作则难以保证。在单一的人才评价标准引导下,"双一流"高校的拔尖创新人才毕业去向相对单一,大部分毕业生选择继续深造,进入国内外著名大学或科研机构,进一步学习成为主要选择。面对这种现象,高校在实施拔尖人才培养计划时,可能会感受到投入与产出的落差,这对教育者们的积极性造成一定程度的影响。同时,这也进一步凸显了人才培养数量与质量之间的平衡问题。这一情况也表明,我们依然存在关于拔尖创新人才成长的跟踪机制不足的问题。拔尖学生的成长周期较长,对他们的长期发展和成才状况进行持续监控以及确保人才培养质量显得尤为重要。解决这个难题将是"双一流"高校人才培养领域面临的重要挑战。

三、"双一流"高校基础学科拔尖创新人才培养的出路

培养基础学科拔尖创新人才对于推动教育现代化、建设教育强国以及深入实施新时代人才强国战略具有重要意义。在充分审视人才培养所面临的挑战的基础上,我们认为应从以下几个方面着手,以探索"双一流"高校基础学科拔尖创新人才培养的进路:创新人才培养模式、深化人才培养过程、完善人才培养的支持条件以及建立人才评价体系。

(一)服务国家和区域战略,构建创新型人才培养模式

人才培养模式是决定人才培养质量的关键因素。虽然为国家和地区战略需求服务的拔尖创新人才培养目标具有重要意义,但同时也应关注学生的个人成长。因为人才培养的最终目的在于激发人才的潜能,只有当潜能得到最大程度地发挥并产生积极效益时,人才培养目标才能实现。为此,需要将学生置于人才培养的核心位置,为他们的成长和成才提供更多元的发展空间。这不仅遵循了拔尖创新人才的自然成长逻辑,而且与外部设定的建设目标逻辑相辅

相成,两者并行不悖。在我国特有的教育环境和氛围中,"双一流"高校在坚定地将人才培养战略服务于国家和地区战略需求的同时,应积极探索以学生为中心的拔尖创新人才培养模式,既要"仰望星空",也要"脚踏实地"。

因此,要有补短板思维。众所周知,我国基础教育在全球范围内具有很大优势,学生基础知识掌握扎实,这为基础学科拔尖人才培养提供了坚实基础。在发挥这一优势的同时,我们还需正视存在的劣势和不足,即基础学科拔尖创新人才培养的短板。这主要包括创新能力、解决问题的能力、实际操作能力和人文情怀以及艺术素养的培养等,这也是基础学科拔尖人才应具备的基本素质,亦是人才培养所应补齐的短板。[2]这要求"双一流"高校在这一人才培养模式的实施过程中,应充分尊重学生的主体意识,尊重学生成长的个体差异性,明确人才培养目标,着重培养学生的理想抱负以及创新能力,培养学生的家国情怀和奉献精神。这正是以学生为中心的人才培养目标和人本性和高远性的体现。

(二)在教育实践中突出人才培养过程"生长逻辑"

人才培养过程是人才培养目标的有效践行。"双一流"高校拔尖创新人才培养过程应突出自下而上的"生长逻辑"。必须首先在正确发挥拔尖创新人才培养的功利性的工具价值基础上,始终坚持以习近平新时代中国特色社会主义思想铸魂育人,强化拔尖创新人才培养的使命担当、高尚灵魂、学术道德、创新精神。摒弃人才培养的功利心,遵循人才成长的规律和教育教学规律,举合力和全力激发拔尖创新人才创新活力,促使他们释放最大的创新潜能。[12]具体培养过程可以从课程设置、实践环节、师资队伍等方面着手。

一是改造和提升课程体系。基于拔尖创新人才的多元化和个性化特征,在课程体系设置上应充分考虑配套课程,在高度重视通识课程建设,切实推进通专深度融合。同时,在实践实训课程设置上,应拓宽渠道,且尽量做到口径多元化,充分了解国际国内需求,做到人才培养的前沿化。

二是注重教学实践环节。首先重视育人平台的搭建。打造多元化和全方位融通育人平台,在产教融合思想的指导下,应加快推进实验室、校内实践基地、校企合作实践基地、社会实践基地和虚拟实验室等平台的建设,为拔尖创新人才线上线下实践教学和社会实践教学提供坚实的支撑。此外,"双一流"高校还应该进一步扩大视野,提升拔尖创新人才培养的格局,以国际视野培养择优选拔的拔尖计划人才,注重培养学生的科技英语写作能力和国际学术交流能力,以重大国际合作科研项目、国家重点实验室为载体,聚焦中外高校特色学科优势,跟踪国际学科领域前沿,建立了"一对多""多对多"的优质国际合作交流平台,构建包含需求导向、国际资源和机制保障的国际化人才培养支撑平台。[13]

三是改造和提升师资队伍。要坚持引培并举,加强制度保障。部分"双一流"高校存在引才、留才难度大的问题,现有师资团队难以满足拔尖创新人才培养的需要,对于人才的培养不太有利。因此,在基础学科拔尖创新人才培养的师资队伍建设上,要重视大师的引进。"引",不仅要从国内外引进大师,更要引进大匠。大师和大匠级别的老师不仅在学术和专业上有顶尖的造诣,更加拥有深厚的人文与艺术修养,是科学和艺术完美契合的化身。在他们的引领下,不仅能使教师团队和拔尖计划的学生贴近学术前沿,感受社会需求最前端,更能够使他们受到全方位的熏陶,育人于无声之中,达到最好的人才培养效果。学生学会在实际学习生活中探索和创新。在大师和大匠的影响下，还可以培育出一批热爱拔尖创新人才培养事业、富有高度情怀的教师，从而形成相对稳定、梯队层次鲜明的拔尖创新人才培养师资队伍。除此之外还要改进和完善制度建设，从制度上保障热爱拔尖创新人才的授课教师和导师的职称、待遇、奖励等，设立专门基金为引进国内外大师、大匠提供条件，使"引""培"并举拥有长足的机制保障，保障师资团队能够满怀激情、全力投身到基础学科拔尖创新人才培养中。

（三）完善人才培养支撑条件

一方面，加强"双一流"高校内部治理，提升内生力。近年来，在国家政策的倾斜与支持下，我国"双一流"大学建设在数量和质量上都还存在相当大的提升空间，要加强基础学科拔尖创新人才培养的支撑，首先，要立足于自身现有条件，致力于寻找高等教育特色发展之路。紧紧围绕"双一流"建设背景，寻找重要发展机遇，深刻理解"一流大学"和"一流学科"的多元化特点，尝试基础学科拔尖创新人才培养的多样化和差异化。其次，形成"双一流"高校间的跨学科联合培养拔尖创新人才的机制，整合优质高等教育资源，提升拔尖创新人才培养的能力。"双一流"大学建设的重要文件多次提及学科交叉融合和创新跨学科人才培养模式，可见，我国高度重视学科交叉融合在"双一流"大学建设中的作用，而创新跨学科人才培养模式则是重中之重。[14]

如前所述，"双一流"高校中，有相当一部分是以优势"一流学科"晋升，那么拔尖创新人才培养就应依托于优势学科来开展，这亦恰恰是"双一流"高校立足于自身优势探寻人才自主培养的有效路径。作为学科与专业之间存在的内在联系机制，人才培养始终是学科的固有功能和使命。一流学科无论是其知识领域的前沿性、制度保障的先进性、还是资源保障的优越性，都可以为拔尖创新人才培养提供得天独厚的条件。[15]一是在已有学科体系基础上，面向国家重大需求和国际学术前沿，聚焦前沿科学理论或重大工程技术难题，以老带新，坚持科教融合，"跨学院、跨学科、跨领域"汇聚人才，凝聚学科方向，组建学科—科研—教学融合团队，和国内外高精尖学科联合起来，促进学科交叉，创新学科发展领域，为创新人才发展提供优质空间。依托于"一流学科"培养的拔尖创新人才可以输送到国内外实力更强的"一流大学"高校进行继续培养，既可以完善拔尖创新人才选拔通道，也最大限度地防止拔尖创新人才的外流和培养过程的中断，亦能对拔尖创新人才培养的全过程实施跟踪评价，推进持续改进。

另一方面，创新制度环境。环境对人才的塑造作用不言而喻。尤其是拔尖创新人才成长过程较为复杂，成长周期长。有学者通过对 34 位自然科学拔尖创新人才与 36 位社会科学拔尖创新人才的深入访谈，得出了系统而深入的研究结论，发现拔尖创新人才的成长分为自我探索期、集中训练期、才华展露与领域定向期、创造期、创造后期五个阶段，在每个成长阶段都离不开特定的环境，需要外部环境提供成长所需要的各种资源和自由成长空间。[16]鉴于此，首先，"双一流"高校在高校招生上应争取更大的自主权，切实推进拔尖人才选拔和培养相关改革，积累丰富的教学经验和实践经验，制定科学的选拔办法和培养方案。其次，重视教师在拔尖创新人才培养中的主动性与创造性。对拔尖创新人才影响最大的人莫过于教师，应当鼓励教师参与拔尖创新人才培养的改革，探索个性化培养、研究性教学、自主性学习以及创造性人格的培养。[17]再次，完善引导、评价和奖励等学科育人激励制度，充分激发"双一流"高校的"一流学科"团队育人动能。通过教学和科研评价制度改革，力破"五唯",加强拔尖创新人才培养教师队伍的教学质量评价比重,形成以立德树人过程和人才培养成效为导向的评价体系,对于教师的评价做到分类化评价,如有需要甚至可以实行一人一策的差异化评价体系,更加注重过程性评价和长期评价,充分发挥教师在人才培养过程中的积极主动性,为免除他们的后顾之忧,甚至还可以相应为投身拔尖创新人才培养的教师建立专门的岗位聘任与考核、职称晋升、人才评聘及评奖评优指标体系。为促进教学质量的提升还需促进教学的内涵式发展,完善奖励激励制度,使教师对拔尖创新人才培养产生真正的热爱,全身心投入,激发教师活力。在科研工作上建立科研促进教学考核激励机制,优化加强科研促进教学工作机制,营造宽松的育人氛围,让教师在高水平的教学和科研活动中培养拔尖创新人才。

(四)建立拔尖创新人才培养的多维、终身化评价体系

人才评价在人才培养中起指挥棒的作用,"双一流"高校应以多元评价促进内涵式发展,构建基础学科拔尖创新人才培养的多维、终身化评价体系。

一是更新评价理念,从多样走向分类多维。应基于多元评定资优、多元智能理论和"4+X≥2"目标模型,使人才的入口选拔、过程培养、出口的评价从多样化发展为分类多维,其中,科学分类是实现多维的前提;[18]"双一流"高校可以在尊重学生主体性和个性化以及差异化的基础上,参考拔尖创新人才培养目标,对进入拔尖计划的学生进行分类,依据不同的类别制定差异化评价标准,不再将学术化水平作为拔尖创新人才评价的唯一标准,以此激发学生的未来发展潜力。

二是改进评价手段,从阶段走向终身。十年树木,百年树人,拔尖创新人才培养需要相当长的周期,短短的本科阶段教育乃至研究生阶段的教育难以准确评价培养效果。从更为科学和长远的角度来看,应将拔尖创新人才评价贯穿终身。就目前的数字化手段来讲,第四次工业革命带来的智能化完全可以被用于人才评价与管理。运用信息化的大数据手段,可以创建以高校为单位的拔尖创新人才发展数据库,同时允许高校之间数据库的共享,从入口到出口乃至终身对拔尖创新人才进行全程跟踪评价。在拔尖创新人才终身成长的周期里,可以选取四个重要节点,分别是入学、培养过程、毕业出口和职业发展,以年级和专业为界限进行分类管理。当然数据库的建立不是终极目的,对其持续性维护亦尤为重要,在维护的过程中可以根据数据的变化进行拔尖创新人才培养的相关研究,总结成功的培养经验,不断提升拔尖创新人才的培养质量。

四、结语

对于中国而言,要实现中华民族伟大复兴的中国梦,很大程度上取决于我们大学的原始创新水平,取决于我们拔尖创新人才培养的高度,评价一流大学最重要的标准应该是能否培养出一批拔尖创新人才。[2]2着力培养适应国家战略需求的拔尖创新人才是我国"双一流"高校的重要责任和使命。我们应把人才培养作为根本任务,坚持"人才培养质量是学校生命线"的理念,促进拔尖创新人才个人发展与家国情怀有机融合,系统构建遵循学生多元化发展的拔尖创新人才培养模式,实施全过程多元评价体系,打造符合人才培养规律的拔尖创新人才培养长效机制。

参考文献

[1] 全守杰,华丽."强基计划"的政策分析及高校应对策略[J].高校教育管理,2020,14(3):41-48.

[2] 新华社.习近平:高举中国特色社会主义伟大旗帜 为全面建设社会主义现代化国家而团结奋斗——在中国共产党第二十次全国代表大会上的报告[EB/OL].(2022-10-25)[2023-08-01].http:cpc.people.com.cn/n1/2022/1025/c64094-32551583.html.

[3] 沈悦清,刘继安.基础学科拔尖创新人才培养要解决的两个关键问题[J].高等工程教育研究,2022(5):1.

[4] 管培俊.振兴中西部高等教育助力高质量发展[J].中国高教研究,2021(12):1-5.

[5] 刘一凝,耿娇娇,詹亚力.行业特色高校拔尖创新人才培养模式研究[J].黑龙江教育(高教研究与评估),2022(11):37.

[6] 田铁杰.中西部高校拔尖创新人才培养的使命与作为[J].吉首大学学报(社会科学版),2022(6):80.

[7] 安国勇,赵翔."双一流"建设背景下拔尖创新人才培养问题研究[J].河南大学学报(社会科学版),2022,62(1):121.

[8] 段从宇.中国高等教育区域协调发展研究[M].北京:科学出版社,2015:156.

[9] 邬大光,王怡倩.我国东西部高等教育发展水平的若干分析[J].兰州大学学报(社会科学版),2021,49(5):2.

[10] 中华人民共和国教育部.教育部 财政部 国家发展改革委 关于公布世界一流大学和一流学科建设高校及建设学科名单的通知[EB/OL].(2017-09-21)[2019-11-05].http://www.moe.gov.cn/srcsite/A22/moe_843/201709/t20170921_314942.html.

[11] 基础学科拔尖学生培养计划2.0秘书组.基础学科拔尖学生培养计划2.0研究课题成果集萃[M].南京:南京大学出版社,2023:45,37.

[12] 张大良.我国拔尖创新人才培养实践探索及趋势[J].创新人才教育,2017(6):9.

[13] 张大良.提高人才培养质量做实"三个融合"[J].中国高教研究,2020(3):11.

[14] 郑石明.世界一流大学跨学科人才培养模式比较及其启示[J].教育研究,2019,40(5):113.

[15] 马廷奇.一流学科建设与拔尖创新人才培养[J].国家教育行政学院学报,2019(3):4.

[16] 林崇德,胡卫平.创造性人才的成长规律和培养模式[J].北京师范大学学报,2012(1):36-42.

[17] 贺芬.拔尖创新人才可以"计划"培养吗?:对"强基计划"的冷思考[J].河北师范大学学报(教育科学版),2021,23(5):72.

[18] 雷金火,黄敏.中国拔尖创新人才培养:实践、困境、优化:基于中国部分一流大学人才培养实践的研究[J].上海师范大学学报,2022,51(4):133.

The Dilemma and Wayout in Training Top-Notch Innovative Talents of Basic Disciplines in "Double First-Class" Universities

Tong Yingkai, Xu Xiaosa

Abstract: Training top-quality innovative talents is an important and necessary requirement for further implementing innovation-driven development strategy and enhancing our international competitiveness. Basic subjects are the foundation of technological innovation and development. "Double first-class" universities are the backbone of training top innovative talents in basic disciplines. In recent years, "double first-class" construction has brought unprecedented opportunities for our higher education rejuvenation. The number of local colleges being shortlisted for "double first-class" construction has increased, and the quality of talents' self-training has constantly improved. As the main form of the high quality higher educational resources in the new period, training top-notch innovative talents for economic and social development is the core mission of "double first class" colleges and universities and an important breakthrough to improve the quality of self-trained talents in our country. Over the past ten years since the implementation of the top-notch innovative talents training program, remarkable results have been achieved, but on the whole, there is still a large room for improvement in the cultivation ability of top-notch innovative talents in basic disciplines. Therefore, it is an important turning logic to analyze the dilemma of "double first-class" university in basic discipline personnel training and explore the practical way out of personnel training to realize the high-quality development of our higher education.

Keywords: "Double First-Class" Universities; Basic Subjects; Training of Top-Notch Innovative Talents; A Dilemma; Wayout

How does University-Enterprise Joint Training Affect Innovation Ability of Engineering PhD Students? —Review and Prospect Based on Systematic Literature Review

校企联合培养如何影响工科博士生创新能力？
——基于系统文献综述的回顾与展望①

| 魏丽娜 |

【摘　要】　工科博士生是我国工程技术领域高层次创新型人才的储备军。校企联合培养是提升工科博士生培养质量的有效途径，然而国内学界关于其过程和成效的相关研究较为缺乏。本研究基于系统文献综述法回顾校企联合工科博士生培养的研究文献，从特征导向界定校企联合工科博士生培养的内涵；从过程论视角挖掘个体特征、高校特征、企业特征对工科博士生创新能力的影响，同时揭示知识共享、身份认同等变量对校企联合工科博士生培养过程的影响。在理论意义上，本研究构建出校企联合培养对工科博士生创新能力影响机制的理论模型，深化学界对这一作用机理的认识。

【关键词】　校企联合培养；工科博士生；创新能力；系统文献综述

① 本文系中国博士后科学基金第 73 批面上资助项目"校企联合培养对工科博士生实践创新能力的影响机制研究"（2023M730059）的研究成果。

作者简介：魏丽娜，北京大学医学教育研究所/全国医学教育发展中心、北京大学教育学院博士后研究人员。

一、问题提出

科技人才是衡量国家创新能力的重要指标,工科博士生则是国家战略科技力量的储备军。美国国家科学基金会指出,中国自 2007 年就已超过美国,成为世界上授予工科博士学位最多的国家。尽管如此,在 2022 年开展的全国博士毕业生调查中发现,我国仍面临工科博士人才队伍大而不强,工科博士基础研究和创新能力显著不足等问题。这些问题主要表现在工科博士生科研实践参与度不高、产业实践接触机会少、高质量学术成果匮乏等方面。事实上,工科博士生培养需适应和遵循知识生产与工业发展逻辑,才能有效保障高质量工程科技人才供给。高校和企业是国家创新体系的重要组成部分,产学合作更是大学除了教学和研究之外的"第三使命"。[1]工科博士生的培养尤其要与科技创新活动、社会实践结合起来,才能使具有创新思维、创新能力的优秀人才脱颖而出。[2]推动校企深度合作,将科研优势资源、行业优质资源深度融合并运用到工科博士生培养,是新时期高等工程教育改革的方向,也是培养拔尖创新工科博士的战略选择。

2020 年 9 月,《教育部国家发展改革委财政部关于加快新时代研究生教育改革发展的意见》明确强调,要"强化产教融合育人机制""大力开展研究生联合培养基地建设""推动行业企业全方位参与人才培养"。[3]2022 年 3 月,教育部正式启动了"卓越工程师产教联合培养行动",该行动指出:"要聚焦人才培养方案的核心问题,加快探索卓越工程师培养模式变革,强化育人能力建设,注重科学基础、工程能力、系统思维和人文精神的交叉融合,增强关键实践能力,建设一流核心课程。"[4]可见,工科博士生是

我国科技创新人才队伍的重要组成部分,产教融合、校企合作在加强工科创新人才培养中占有重要地位。国内外校企联合博士生培养已经有了数十年的尝试,梳理以往研究发现:有关校企联合工科博士生培养的研究主要聚焦于目标定位、合作模式、制度支持等方面[5,6],或是强调联合实验室、科研合作项目、课题讲座、技术培训等具体校企合作情境对博士生学习体验的影响[7,8],这些研究对校企联合培养情境中学习者创新的认知过程进行了初步探讨。为此,本研究将采用系统文献综述法,对校企联合培养工科博士生的相关研究进行系统梳理和分析,尝试构建校企联合培养影响工科博士生创新能力的理论模型。

二、研究设计

(一)研究方法

系统文献综述法是一套明确限制系统评价误差的文献综述方法,旨在识别、评价和综合所有相关研究以回答特定问题。[9,10]具体而言,系统性文献综述法包括五个关键步骤,即提出具体研究问题、文献检索、文献评价、数据分析,以及数据的整合与报告。本研究确定纳入校企联合培养工科博士生的相关文献后,对其进行参考文献检索和引文检索,再使用同样的文献筛选标准进行筛选和评估,直到没有新的相关文献纳入。

(二)研究步骤

1.确定文献的研究问题

为了系统揭示校企联合工科博士生培养过程机理,本研究主要关注以下四个研究问题:

(1)校企联合博士生培养的理论基础包

括哪些?

(2)校企联合博士生培养的概念内涵是什么?

(3)如何对工科博士生创新能力进行界定和测量?

(4)校企联合培养如何对工科博士生创新能力产生影响?具体包括哪些影响因素?

2.确定文献的筛选原则

本研究以研究性和综述性等期刊论文作为研究对象,收集自1990年以来的期刊文献,目的在于系统、全面和客观地统计、分析与评估校企联合培养工科博士生的研究现状。本研究根据研究目的和研究问题提出了文献筛选的四项基本原则:文献必须是关于校企联合培养的研究性文献;文献必须全部或者部分考察了校企联合培养工科博士生的影响因素;文献需要系统地论述和分析校企联合培养对工科博士生创新能力的影响过程;文献必须是被引频次较高且源自高质量期刊的论文(见图1)。

3.文献检索

本研究的数据检索源来自英文数据库 Web of Science 和中文数据库中国知网(www.cnki.net)。根据研究目的和研究问题,以"collaborative education""PhD students""University-enterprise joint training""innovation ability""校企联合培养""工科博士生创新能力"等为主题词进行检索(检索词考虑了词语时态、单复数形式和组合顺序),并将这些主题词逐一组合进行检索,诸如"collaborative education/Joint training"+"PhD students";"innovation ability"+"PhD students";"collaborative education/joint training"+"innovation competence"等。

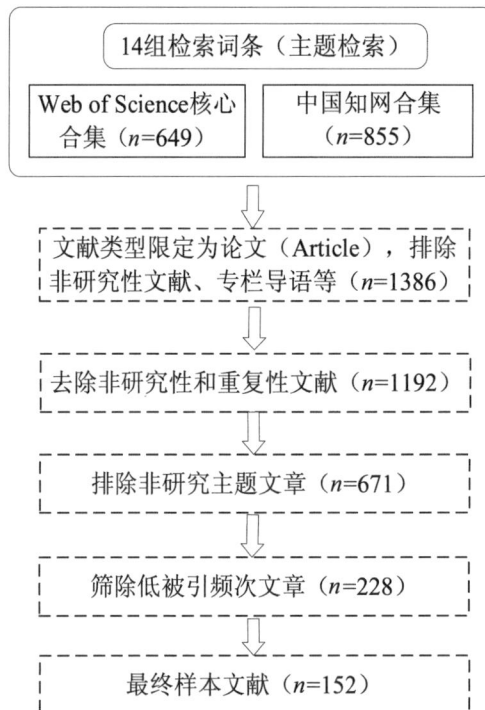

```
┌────────────────────────────────┐
│    14组检索词条(主题检索)      │
│  ┌──────────────┬──────────────┐ │
│  │Web of Science核心│ 中国知网合集  │ │
│  │合集(n=649)    │  (n=855)     │ │
│  └──────────────┴──────────────┘ │
└────────────────────────────────┘
              ↓
┌────────────────────────────────┐
│ 文献类型限定为论文(Article),排除 │
│ 非研究性文献、专栏导语等(n=1386)  │
└────────────────────────────────┘
              ↓
┌────────────────────────────────┐
│ 去除非研究性和重复性文献(n=1192)  │
└────────────────────────────────┘
              ↓
┌────────────────────────────────┐
│   排除非研究主题文章(n=671)       │
└────────────────────────────────┘
              ↓
┌────────────────────────────────┐
│   筛除低被引频次文章(n=228)       │
└────────────────────────────────┘
              ↓
┌────────────────────────────────┐
│   最终样本文献(n=152)            │
└────────────────────────────────┘
```

图1 文献筛选过程

(三)检索结果

最终利用数据库的文献检索功能获得了1386篇文献,检索时间为1990年1月1日至2023年1月1日。经历去除非研究性和重复性文献、排除非研究主题文章、筛除低被引频次文章等系列过程,最终获得152篇论文。(见图1、表1)

表1 校企联合工科博士生培养代表性文献概览

主题	作者	文章	研究发现
理论基础	Etzkowitz & Leydesdorff (2000)	The dynamics of innovation: from National Systems and "Mode 2" to a Triple Helix of university-industry-government relations	大学研究愈发成为知识密集型网络过渡的一个"实验室"位点
	Etzkowita (2008)	The triple helix: university-industry-government innovation in action	跨越大学—行业—政府机构边界重塑现代社会
	Ramos et al. (2010)	Measuring university-industry collaboration in a regional innovation system	高校第三使命是区域创新体系中的有效指标
	Scott(2014)	Academic and Professional Knowledge in the Professional Doctorate	工作场所是学习环境建设的中心
定义及特征	Patricio et al. (2020)	Collaborative research projects in doctoral programs: a case study in Portugal	STEM领域合作项目博士生重视学术交流机会,且期待在学术界就业
	Malfroy(2011)	The impact of university-industry research on doctoral programs and practices	个人技能是发展积极合作伙伴关系的重要特征
	Sónia Cardoso et al. (2022)	The transformation of doctoral education: a systematic literature review	博士教育转型体现在其基础、目标、方法、专业知识、组织和过程等方面
	Kitagawa et al. (2014)	Collaborative doctoral programmes: employer engagement, knowledge mediation and skills for innovation	合作培养项目为博士生建立科学家身份的桥梁
	刘贤伟等 (2021)	我国联合培养博士生的演进、向度与展望——基于巴斯德象限的视角	构建出我国联合培养博士生体系的象限模型
	王世岳(2021)	大学和企业如何联合培养博士:欧洲四国工科博士培养的比较分析	不同联合培养的核心都是协调大学和企业之间的关系

主题	作者	文章	研究发现
作用过程	Lidia et al.(2010)	Collaborative Doctoral Education：University-Industry Partnerships for Enhancing Knowledge Exchange	合作项目受到合作研究和知识交流的战略性推动
	Assbring et al.(2017)	What's in it for industry? A case study on collaborative doctoral education in Sweden	行业参与的结果与合作的组织高度相关
	Salimi et al.(2015)	Does working with industry come at a price? A study of doctoral candidates performance in collaborative vs. non-collaborative Ph. D. projects	合作项目博士在产业绩效方面优于非合作项目博士，但学术表现不然
	Thune(2010)	The Training of "Triple Helix Workers"? Doctoral Students in University-Industry-Government Collaborations	知识生产的变化带来"三螺旋工作者"掌握的能力
	Roberts(2018)	Industry and PhD engagement programs：inspiring collaboration and driving knowledge exchange	合作培养在于为博士生提供更多工作环境
影响机制	Thune(2009)	Doctoral students on the university-industry interface：a review of the literature	博士生与产业之间存在相互作用
	Warren et al.(2016)	The Formation of Community-Engaged Scholars：A Collaborative Approach to Doctoral Training in Education Research	合作学习有助于学生发展社区参与的学者身份
	Prøitz et al.(2019)	New directions in doctoral programmes：bridging tensions between theory and practice?	理论—实践之间的密切关系影响着博士生的职业认同
	Liu et al.(2020)	What affects PhD student creativity in China? A case study from the Joint Training Pilot Project	大学社会资本对博士生创造力有显著影响，且心理资本起部分中介作用
	Patricia et al.(2022)	Social capital and university-business collaboration in doctoral education	学者的社会资本是决定合作博士教育成功与否的重要因素
	刘贤伟和马永红(2017)	社会资本对校所联培博士生创新能力的影响研究——基于心理资本的中介作用	心理资本在社会资本与联培博士生创新能力之间具有完全中介作用
	马永霞等(2021)	校企合作培养如何影响工科研究生胜任力？——基于情境学习理论的分析	校企合作培养显著正向影响工科研究生胜任力，实践参与、职业认同在其中具有中介效应

（四）数据分析

聚焦本研究确定的四个研究问题,对152篇文献进行统一编码分析,邀请同行专家进行了节点创建、参考点选取、节点归类和节点层次组织等活动,确保编码的准确性和严谨性。研究者在文献分析工具的辅助下,通过分析、逐步归纳和协商构建出校企联合培养对工科博士生创新能力影响的理论模型。

三、研究结果

（一）校企联合博士生培养的理论基础

校企联合培养是一个新兴的、多学科交叉的研究领域。知识生产模式、"三螺旋"理论、情境学习理论等从不同视角为校企联合培养提供了思想精髓和方法论启示。

（1）知识生产模式。学界将知识生产模式主要分为三种模式,分别是知识生产模式Ⅰ（大学—科研机构基于单一学科并由特定共同体的学术兴趣所主导）、知识生产模式Ⅱ（大学—产业—政府基于跨学科与应用情境,以解决复杂化、综合化的社会实际问题为导向）、知识生产模式Ⅲ（大学—产业—政府—公民社会基于学科群与学科生态系统,以知识集群演化为导向）。知识生产模式的变革很大程度上影响了高等教育的形态,校企联合培养正是知识生产模式Ⅱ的一种实践逻辑结果。对于校企联合培养来说,其遵循知识生产从模式Ⅰ到模式Ⅱ的转变逻辑,强调知识生产从单一学科特征到情境化、跨学科性特征的发展,大学、产业、政府等多主体在知识生产过程中协同发挥作用。[11]

（2）三螺旋理论。Etzkowitz等在深入研究"斯坦福大学—硅谷科技园"等创新奇迹的基础上,提出反映高等教育领域知识生产转型以及与社会机构协同创新的三螺旋理论[12],该理论指出,大学、政府与企业是知识经济社会创新活动的关键参与者,三者的交互作用逐渐突破彼此界限,最终形成一种相互支持的协同创新结构。[13]随着知识生产模式发生巨大变化,高校不再是知识生产的垄断者[14],科研院所、企业、政府或非政府机构等大规模地参与新知识的生产,形成所谓的"三螺旋"模式,各种形式的跨组织合作共同致力于新知识生产和人才培养。[15,16]三螺旋理论将校企联合培养视为工科博士生培养的重要途径,其实质在于高校通过与特定机构之间开展博士生教育层次的合作,促进学习参与者积极地交流、实操专业相关技能,从而培养符合特定领域需求的工程科技人才。

（3）情境学习理论。20世纪80年代知识社会转型背景下,莱夫和温格从人类学视角提出了情境学习理论,认为学习是在实践中改变理解的过程[17],强调知识的社会建构和参与本质,认为意义和身份是在互动中建构的。情境学习理论指出:知识具有情境性,所有的知识都是基于真实情境的,具有分布性特征;学习具有实践性,学习是不同类型学习者协作参与专业实践的过程;认知具有身份性,学习不仅是知识获得的过程,还是身份建构的过程。本研究中,校企联合培养是高校与企业合作创设的共同体实践情境。工科博士生作为"学徒"参与其中,与企业工程师/管理者、企业导师等成员建立可靠的社会关系。因此,在情境学习理论视角下,探讨校企联合培养对工科博士生创新能力的影响机制具有重要理论价值。

（二）校企联合培养：概念内涵与关键特征

校企联合培养也被称为校企合作培养，可追溯到美国的合作教育（Cooperative Education）。合作教育最早由辛辛那提大学施奈德教授于1906年提出并实施，强调把课堂教学和工作经验结合起来。[18,19]他提出合作教育的目的在于将学生培养成应用型工程师。[20]随后也出现了诸如德国的"双元制"模式、澳大利亚的"TAFE"模式、英国的"三明治"模式以及加拿大的"CBE"模式等不同校企合作培养模式。[21]国内学者大多将美国合作教育模式称为"工学交替"，将其视作一种学校与企业共同进行人才培养、学用紧密结合的新型合作教育模式。[22]虽然这些模式的侧重点或具体组织形式有所不同，但其本质特征均在于充分利用高校和企业各具优势的教育环境和资源，使学生在真实情境中从事自身专业领域的研究和实践工作，以培养满足行业企业各种需求的高质量人才。[23]

已有研究对校企联合培养的内涵进行了大量探讨。有学者指出，校企联合培养博士生是一种新型博士生培养方式，其基本特征是企业作为重要参与者加入博士生培养的各环节。[24,25]具体而言，高校和企业整合优势资源，形成校企共同参与人才培养全过程的格局，营造工程实践共同体情境[26,27]，实现理论教学与工程实践有机结合。[28-30]校企联合培养能够结合双方各自的利益需求，形成合作人才培养的动力和纽带。[31]大学与企业为实现共同目标而开展合作更易将科学发现带入市场[32]，能够有效推动人才培养的社会化和成果转换，提升校企双方的知识合作和商业化能力。[33]总而言之，校企联合培养是相对于单一的高校主导办学模式而言，校企双方整合各自教育环境和产业资源优势，采用理论与实践有机结合的教育教学方式，共同培养满足社会需求的高素质人才的一种培养模式。

（三）工科博士生创新能力的概念及测量

创新能力一直是博士研究生培养的重要目标，同时也是衡量其培养质量的关键指标，在培养实践和理论研究中得到高度重视。从工科博士生创新能力的内涵来看，有研究指出，创新能力是理工科研究生科研综合能力中最突出的结构要素。[34]部分学者认为博士生创新能力是指其为适应社会进步、知识创新与自我发展的需要，充分开发和利用已有的知识、技能和内外部条件，创造出新颖且具有价值的理论、方法、技术和产品等的综合性能力。[35,36]基于已有文献，本研究将工科博士生创新能力界定为对问题或现象进行深度的理论分析和论证的能力（学术创新能力），以及解决复杂技术问题、进行技术创新以及组织实施技术研究开发工作的能力（实践创新能力）。

学术创新能力。相关学者提出，研究生的学科前沿知识、研究方法知识、跨学科知识、研究论文写作知识等学术创新的基本知识是取得创新性研究成果的必要条件[37]，可以通过论文发表的数量和质量[38]，以及学位论文的"原创性""独创性"等指标来衡量其在科研上的创新性。[39-41]综合来看，工科博士生在科研工作中产生创新性想法和产出有影响力的学术成果（学术论文、学位论文等）是评价其学术创新能力的重要标准。

实践创新能力。学术界较为侧重对学术创新能力的研究，对实践创新能力鲜有涉及。[42]从定义来看,有研究认为实践创新能力是利用所学理论知识,在生产实践中提出具有首创性的新技术、新方法或者将理论成果创新性地应用于实践,进而实现其应用价值的一种能力。[43]国内学者基于国内外工程教育认证标准,结合中国实际,从专利设计、问题分析、设计/开发解决方案、工程实践等多个维度开发了工科博士生实践创新能力的测量量表。[44,45]

(四)校企联合培养对工科博士生创新能力的影响

已有研究表明,相对于非合作培养项目博士生,合作培养项目博士生的实践表现和学业表现相对更好。[46,47]因此,是否参与校企联合培养对于工科博士生创新能力的提升具有显著的影响差异。梳理已有文献可知,校企联合培养影响工科博士生创新能力的因素主要来自个体特质、高校因素和企业因素等,且知识共享、身份建构及自我效能在其中发挥着重要效应。

(1)工科博士生创新能力的影响因素

个体特质对工科博士生创新能力的影响。有研究指出,影响博士生创新能力的个体因素主要包括博士生自身的个体特征(读博动机、学习投入等)、心理素质、创新思维和智力水平、情商等。[48-51]此外,心理资本(自我效能感、希望、乐观、坚韧、情绪智力等)也会直接影响博士生学习的积极性和科研活动参与情况,进而影响其学术创新能力的发展。[52]

高校因素对工科博士生创新能力的影响。高校在校企联合培养过程中主要涉及科研条件、学术氛围和导师指导等方面的内容。部分学者实证探讨了校企联合培养对博士生创新能力的具体影响,例如,合适的研究场所和研究工具、充裕的研究资料和经费是博士生顺利开展科研活动的前提[53];浓厚的学术氛围意味着博士生有更丰富的学术交流[54];导师的科研经验、学术地位、学缘结构等均对博士生创新能力的发展有重要影响[55,56];导师与博士生合作开展科研项目,有助于推进科研进展和项目的完成,对学生的科研能力发展也会有所帮助。[57]相关研究也发现,外部专家网络对博士研究生的创新能力有正向影响。[58,59]

企业因素对工科博士生创新能力的影响。相关研究指出,企业承接研发创新的项目时,需要高质量的人力资源和信息技术[60],而高校难以直接培养出大批满足企业要求的人才[61]。因此,企业迫切需要参与人才培养。然而,企业因其性质、所属行业(产业)、规模等会导致专用技能人力资本需求存在差异[62],进而引发校企合作行为与合作水平差异,而企业类型会直接影响企业参与校企合作的目的和模式[63]。此外,研发型企业能够在人力资源、技术、资金、设备等资源方面为校企联合培养提供稳固的支撑保障。[64]如果个体能够通过与外部环境建立联系,灵活运用社会关系资源,则有利于其开展创新活动。[65]研究表明,参与校企联合培养的企业类型和特征能够影响博士生的社会资本积累,通过影响博士生的心理资本,进而促进其创新能力的发展。[7]

此外,校企联合培养模式的不同会对工科博士生创新能力产生差异化影响。已有研究表明,校企联合培养具有多种模式,如按照教学与科研发挥的作用可分为教学主导型、科研主导型和创业主导型模式[66];按照合作过程可划分为全过程合作型、阶段性合作型;按照培养主体主导方可划分为政府主导型、高校主导型、企业主导型和校企联合共建型。不同的校企联合培养模式会影响工科博士生创新能力的发展。[67]目前关注不同校企联合培养模式中工科博士生学术创新能力和实践创新能力的差异及其成因的研究并不常见，各类校企联合培养模式对工科博士生创新能力的影响作用成为亟待打开的"黑箱"。

（2）校企联合培养对工科博士生创新能力的作用过程

已有研究表明，校企联合培养通过促进工科博士生的知识共享、身份建构及自我效能等，进一步发展了工科博士生的创新能力。

首先，校企联合培养与知识共享密切相关。资源依赖理论认为，组织内部无法提供其发展所需的全部资源，只有不断从外部组织获取资源才能实现更好发展。[68]根据已有文献，社会资本对知识共享行为存在显著促进作用，校企联合培养可以通过充实博士生社会资本来促进知识共享和非正式学习。[69]因此，知识共享在校企联合培养和工科博士生创新能力发展过程中发挥着中介作用。在研究生教育领域，相关研究将知识共享作为中介变量来探讨培养环境与创新行为之间的关系，部分研究表明，多学科专业研究生的知识共享行为在团队结构与协同创新的关系中具有中介效应[70]；知识共享的质量在培养环境与博士生的创造能力之间发挥桥梁作用[71]。由此可推断，知识共享在工科博士生将校企联合培养的平台资源运用到创新的过程中发挥着中介作用。

其次，校企联合培养促进工科博士生参与专业实践活动，促使其对职业进行深刻反思，从而不断增强自身职业认知和角色认同。已有实证研究表明，身份认同在校企合作培养影响创新能力过程中发挥重要作用，例如，Siller 和 Durkin 分析科罗拉多州立大学与工程行业合作案例，得出工科生与工程

师的交流互动使其对职业有深刻认识[72]；Kitagawa 通过案例研究发现，合作课程项目为博士生专业身份的建立提供了制度空间[73]。身份认同会显著影响学生的学习动机、专业能力、创新能力以及就业选择，是长期非认知性学习结果的集中表现。[74-78]事实上，工科博士生通过参与校企合作项目，与业界导师充分交流，加深对未来职业的技能、品质、态度和价值观的理解，从而促使其自发地根据职业角色需求发展能力素质。

另外，相关研究证实校企联合培养对工科博士生自我效能、创新思维等方面也有正向影响效应。自我效能感作为工科博士生对自己能否胜任科研工作的主观感知，对工科博士生自身的创新思维、创新动机和创新能力等存在重要影响。科研经历对博士生科研自我效能感有显著正向预测作用[79]，且学生的自我效能感会同时影响他们的学习成绩和学习动机[80]。研究训练环境和导师支持通过自我效能感的中介作用来促进博士生科研产出。[81]由此可初步判断，自我效能感在校企联合培养与工科博士生创新能力之间存在中介效应。

综上，本研究根据研究文献的分析结果以及相关理论基础，构建了校企联合培养工科博士生创新能力的理论模型，所涉及的主要影响因素包括个体特征、培养情境、知识共享、身份认同等要素（见图2）。从工科博士生的创新能力发展过程来看，工科博士生首先通过"选拔"参与校企联合培养项目，其后以"联培者"身份参与校企联合课程教学、实践项目、科研项目、导师联合指导等，并在企业和高校的不断互动中实现自身知识和身份的建构，最终成长为一名有潜力的"创新研究者"。

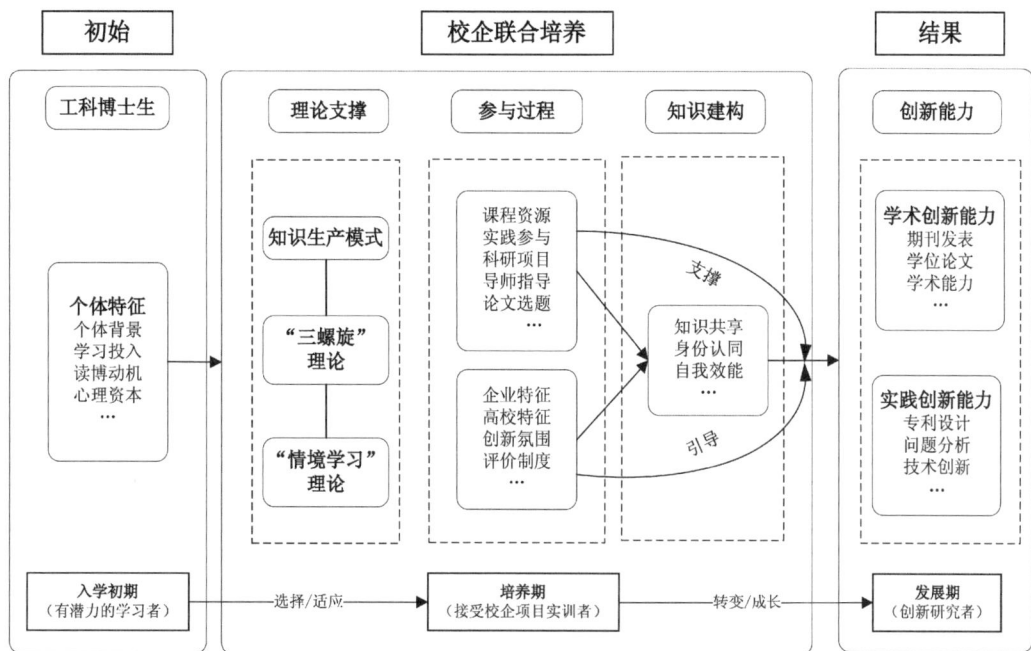

图 2 校企联合工科博士生培养的影响因素模型

四、结论与讨论

上述文献分析与理论模型构建为校企联合培养工科博士生的制度设计、开发及运行等提供了重要启示,也为未来研究提供了系统性的研究视角和方向。

一是系统揭示校企联合培养工科博士生的学习结构特征。校企联合培养涉及高校和企业共同在导师指导、课程教学、科研训练、学术交流等方面提供教育资源,为工科博士生构建出完全不同于高校单一教学模式的学习实践情境,使其学习环境和资源更加丰富。校企联合培养作为一个内涵丰富的情境理论框架,如何有效提炼校企联合培养情境下工科博士生的学习结构,是未来研究面临的一个挑战。然而,现有研究主要从实践经验的角度对校企联合培养的模式构建与机制保障等进行探究,却忽视了从学理的角度对校企联合培养工科博士生的学习结构特征进行探讨。因此,校企联合培养

情境下的工科博士生的学习结构特征是什么这一理论问题还需进一步深入探究,这将有助于系统揭示该培养模式下工科博士生创新能力发展的机理,从而深刻理解和实践运用校企联合培养模式。

二是深入区分创新能力的侧重点和类别,平衡工科博士生"学术"与"实践"的关系。从维度侧重来看,工科博士生创新能力可分为学术创新能力和实践创新能力,其中实践创新能力是以高层次、应用型人才为定位的工程博士培养的首要目标;而学术型博士研究生教育是以培养致力于原创性理论研究的高层次人才为目标。目前来看,"轻职业、重学术"的传统观念始终未能得到根本转变,学术学位培养模式的路径依赖难以在短期内得以扭转,工程博士在我国的培养实践仍然步履维艰。校企联合培养注重行业企业的参与。共建校外实践教学基地和其他创新平台,是提高工科博士生实践创新能力的重要模式,同时也是工科博士生参与重大理论问题研究的组织形式。未来研究

可围绕"校企联合培养对工科博士生学术创新能力和实践创新能力的不同促进路径及其影响差异""不同的校企联合培养模式对工科博士生创新能力的影响机制",以期阐述校企联合培养工科博士生创新能力的核心价值。

三是加强实证研究设计,深度揭示动态过程与影响机制。一方面,国内外关于校企联合培养博士生的相关研究多数采用定性研究方法,而缺乏实证研究,这将难以为我国校企联合培养与博士生创新能力发展的机制性问题提供数据验证。另一方面,对于博士生校企联合培养的过程和机制,国外研究已有不少学者采取质性研究方法进行深度刻画,但国内几乎跳过了量化分析前必要的质性深描阶段,在量化研究之后也未能通过深度访谈和田野观察等方法挖掘其影响机制,这将遮蔽校企联合培养问题的复杂性。此外,目前多数研究只将学生的性别、年龄、专业等个体因素以及父母职业、家庭经济水平等家庭因素作为控制变量。未来研究应考虑更多企业特征和高校特征等因素的影响,并尽可能通过追踪调查、教育实验和因果推断方法分析某项具体的校企联合培养干预举措的影响机制,进而挖掘潜在的高价值的干预举措。

参考文献

[1] ETZKOWITA H. The Triple Helix: University-Industry-Government Innovation inAction[M]. London and New York: Routledge, 2008.

[2] BORRELL-DAMIAN L, BROWN T, DEARING A, et al. Collaborative Doctoral Education: University-Industry Partnerships for Enhancing Knowledge Exchange[J]. Higher Education Policy, 2010, 23(4): 493-514.

[3] 教育部国家发展改革委财政部关于加快新时代研究生教育改革发展的意见[EB/OL]. (2020-09-21) [2023-02-23]. http://www.moe.gov.cn/srcsite/A22/s7065/202009/t20200921_489271.html.

[4] 卓越工程师产教联合培养行动正式启动[EB/OL]. [2022-03-25]. http://www.moe.gov.cn/jyb_xwfb/gzdt_gzdt/moe_1485/202203/t20220325_610710.html.

[5] 方晓明. "卓越工程师"培养中的校企合作动力机制探究[J]. 教育评论, 2013(5): 27.

[6] 肖凤翔, 陈凤英. 校企合作的困境与出路: 基于新制度主义的视角[J]. 江苏高教, 2019(2): 35.

[7] LIU X W, ZOU Y, MA Y H, et al. What Affects Phd Student Creativity in China? A Case Study from the Joint Training Pilot Project[J]. Higher Education, 2020, 80(4): 1-20.

[8] 何菊莲, 杨拔翠, 曾婷婷, 等. 校企合作育人质量测评及优质合作育人模式构建: 基于 1538 份校企合作人员调查的实证分析[J]. 高等工程教育研究, 2019(4): 101-106.

[9] PETTICREW M, ROBERTS H. Systematic Reviews in the Social Sciences: A Practical Guide[M]. Malden, MA: Blackwell, 2006: 57-58.

[10] ATTARD J, ORLANDI F, SCERRI S, et al. A Systematic Reviewof Open Government Data Initiatives [J]. Government Information Quarterly, 2015, 32(4): 399-418.

[11] 李正, 吴钰滢, 焦磊. 新知识生产模式下跨学科博士研究生培养模式研究[J]. 高等工程教育研究, 2023 (1): 165.

[12] ETZKOWITZ H, LEYDESDORFF L. The Dynamics of Innovation: from National Systems and "Mode 2" to a Triple Helix of University-Industry-Government Relations[J]. Research Policy, 2000, 29(2): 109-123.

[13] 张秀萍,黄晓颖.三螺旋理论:传统"产学研"理论的创新范式[J].大连理工大学学报(社会科学版),2013(4):6.

[14] SCOTT D. Academic and Professional Knowledge in the Professional Doctorate[J]. Higher Education Research,2014,13:17-30.

[15] 刘贤伟,高飞,邹洋.我国联合培养博士生的演进、向度与展望:基于巴斯德象限的视角[J].中国高教研究,2021(1):89-95.

[16] ASSBRING L,NUUR C. What's in It for Industry? A Case Study on Collaborative Doctoral Education in Sweden[J]. Industry & Higher Education,2017,31(3):184-194.

[17] 莱夫,温格.情景学习:合法的边缘性参与[M].王文静,译.上海:华东师范大学出版社,2004.

[18] 秦旭,陈士俊.美英产学研合作教育的经验及其启示[J].科学管理研究,2001(3):78-82.

[19] 徐平.美国合作教育的基本模式[J].外国教育研究,2003(8):1-4.

[20] 李元元,邱学青,李正.合作教育的本质、历史与发展趋势[J].高等工程教育研究,2010,124(5):22-29.

[21] 余群英.高职产学合作教育人才培养模式的变迁与解析[J].高教探索,2007,97(5):100-103.

[22] 张念宏.中国教育百科全书[M].北京:海洋出版社,1991.

[23] 张艳萍.全日制专业学位研究生校企合作培养模式的效能及改进[J].教育理论与实践,2015,35(9):6-8.

[24] 王正青.欧盟国家校企联合培养博士的策略与经验[J].学位与研究生教育,2011(12):58-62.

[25] THUNE T. Doctoral Students on the University-Industry Interface:A Review of the Literature[J]. High Education,2009,58:637-651.

[26] 马永霞,张雪,曹宇驰.校企合作培养如何影响工科研究生胜任力?——基于情境学习理论的分析[J].学位与研究生教育,2021(1):61-67.

[27] PATRICIO M T,SANTOS P. Collaborative Research Projects in Doctoral Programs:A Case Study in Portugal[J]. Studies in Higher Education,2020,45(11):2311-2323.

[28] 杨文斌.校企联合构建应用型人才培养教学体系[J].中国高校科技,2013(4):2.

[29] 邹波,于渤.校企知识转移2-模网络中企业员工吸收能力测度与分析[J].哈尔滨工业大学学报(社会科学版),2010,12(4):62-70.

[30] 刘静,田学志.以职业能力需求为基础的校企合作课程开发与实践[J].科技创新导报,2011(14):1.

[31] PATRICIA S,TARAN M T. Social Capital and University-Business Collaboration in Doctoral Education[J]. Industry and Higher Education,2022,36(5):512-524.

[32] RAMOS-VIELBA I,FERNÁNDEZ-ESQUINAS M,ESPINOSA-DE-LOS-MONTEROS E. Measuring University-Industry Collaboration in a Regional Innovation System[J]. Scientometrics,2010,84(3):649-667.

[33] 董馨,吴薇,王奕衡.基于协同创新理念的校企合作模式研究[J].国家教育行政学院学报,2014(7):5.

[34] 孟万金.研究生科研能力结构要素的调查研究及启示[J].高等教育研究,2001(6):60.

[35] 董泽芳.博士生创新能力的提高与培养模式改革[J].高等教育研究,2009,30(5):51-56.

[36] 吕红艳.博士研究生创新能力内涵及提升路径[J].江苏高教,2013(5):101-102.

[37] 吴照云.对研究生学术创新能力培养的几点思考[J].学位与研究生教育,2007,179(11):19-23.

[38] 谢梦,童颖之.跨学科与博士生培养:美国顶尖研究型大学社科类人才培养研究[J].清华大学教育研究,2022(1):96-107.

[39] 袁本涛,赵伟,王孙禺.我国研究生教育质量现状的调查与研究[J].高等工程教育研究,2007(4):105-110.

[40] 赵世奎,宋晓欣,沈文钦.博士学位论文质量与学术论文发表有关系吗?——基于165篇问题博士学位论文的分析[J].学位与研究生教育,2018(8):41-45.

[41] 张国栋,樊琳,黄欣钰,杜朝辉.博士生培养质量的自我评估指标体系研究[J].学位与研究生教育,2010(6):4-7.

[42] 何万国,漆新贵.大学生实践能力的形成及其培养机制[J].高等教育研究,2010(10):5.

[43] 孟兆娟,刘彦军.专业学位研究生实践创新能力系统化培育研究[J].湖北师范大学学报(哲学社会科学版),2021,41(4):105-109.

[44] 余晓.面向产业需求的工程实践能力开发研究[D].杭州:浙江大学,2012.

[45] 王传毅,乔伟峰,程哲.工程硕士教育认证:通用标准与测量方法[J].学位与研究生教育,2022(5):16-23.

[46] SALIMI N,BEKKERS R,FRENKEN K. Does Working with Industry Come at a Price? A Study of Doctoral Candidates' Performance in Collaborative vs. Non-Collaborative Ph. D. Projects [J]. Technovation,2015,41:51-61.

[47] THUNE T. The Training of 'Triple Helix Workers'? Doctoral Students in University-Industry-Government Collaborations[J]. Minerva,2010,48(4):463-483.

[48] 罗英姿,吕红艳.博士生创新能力的影响因素分析:基于江苏省五所大学资深博导的访谈结果[J].学位与研究生教育,2012(5):16-21.

[49] 谢鑫,蔡芬,张红霞.因"志"施教:不同求学动机的 PhD 需要差异化培养吗?——来自中、美、英、德四国学术型博士生调查的证据[J].高教探索,2021(6):70-80.

[50] 马永红,杨雨萌,孙维.博士生内部人身份感知何以影响其创新能力:基于学习投入和导师督导的视角[J].中国高教研究,2019(9):80-86.

[51] LEONARD D,BECKER R,COATE K. To Prove Myself at the Highest Level:The Benefits of Doctoral Study[J]. Higher Education Research & Development,2005,24(2):135-149.

[52] LUTHANS F,NORMAN S M,AVOLIO B J,et al. The Mediating Role of Psychological Capital in the Supportive Organizational Climate-Employee Performance Relationship[J]. Journal of Organizational Behavior,2008(2):219-238.

[53] 李锋亮,向辉,刘响.奖/助学金能否提高大学生的学业成绩?——以清华大学为例[J].清华大学教育研究,2015(6):112-119.

[54] 胡保玲.导师支持,同学支持对研究生创新行为的影响:积极情绪的中介作用[J].黑龙江高教研究,2017(9):117-120.

[55] 袁本涛,延建林.我国研究生创新能力现状及其影响因素分析:基于三次研究生教育质量调查的结果[J].北京大学教育评论,2009,7(2):12-20.

[56] 古继宝,蔺玉,张淑林.顶尖博士生科研绩效的影响因素研究[J].科学学研究,2009,27(11):1692.

[57] TENENBAUM R H,CROSBY F J,GLINER M D. Mentoring Relationships in Graduate School[J]. Journal of Vocational Behavior,2001,59(3):326-341.

[58] 张雁冰,张淑林,刘和福,等.社会网络与科研自主性对研究生创新能力培养的影响研究[J].研究生教育研究,2014(6):32-37.

[59] 张雁冰.社会资本对研究生创新能力的影响研究[D].合肥:中国科学技术大学,2014.

[60] LEE C Y. Competition Favors the Prepared Firm:Firms R&D Responses to Competitive Market Pressure[J]. Research Policy,2009,38:861-870.

[61] 马林霞,郭建如.从高新技术企业需求看高层次人才培养[J].中国高等教育,2008,392(5):45-47.

[62] 刘志民,吴冰.企业参与高职校企合作人才培养影响因素的研究[J].高等工程教育研究,2016,157(2):144.

[63] 冉云芳,石伟平.企业参与职业院校校企合作成本、收益构成及差异性分析:基于浙江和上海 67 家企业的调查[J].高等教育研究,2015,36(9):57.

[64] 王素君,吕文浩,刘阳.校企协同育人的机制和模式研究[J].现代教育管理,2015,299(2):58.

[65] WOODMAN R W,SAWYER J E,GRIFFIN R W. Toward a Theory of Organizational Creativity[J]. The Academy of Management Review,1993,18(2):293-321.

[66] 刘缨,胡赤弟.高校产学研合作教育模式探析[J].黑龙江高教研究,2004(8):3.

[67] 刘贤伟,马永红.高校与科研院所联合培养研究生的合作方式研究:基于战略联盟的视角[J].研究生教育研究,2015,26(2):10-15.

[68] DAVIS G F,COBB J A. Resource Dependence Theory:Past and Future[J]. Research in the Sociology of Organizations,2010,28:21-42.

[69] 杨德祥,侯艳君,张惠琴.社会资本对企业员工创新行为的影响:知识共享和信任的中介效应[J].科技进步与对策,2017,34(20):8.

[70] 苏利,金辉,龚文超.多学科专业研究生知识共享对协同创新的影响研究:一个有调节的中介模型[J].科技管理研究,2018,38(8):8.

[71] SHIN J C,KIM S J,KIM E, et al. Doctoral Students' Satisfaction in a Research-Focused Korean University:Socio-Environmental and Motivational Factors[J]. Asia Pacific Education Review,2018,19(2):159-168.

[72] SILLER T J, DURNIN J. University-Industry Partnership to Develop Engineering Students' Professional Skills[J]. The International Journal of Engineering Education,2013,29(5):1166-1171.

[73] KITAGAWA F. Collaborative Doctoral Programmes:Employer Engagement,Knowledge Mediation and Skills for Innovation[J]. Higher Education Quarterly,2014,68(3):328-347.

[74] JACKSON D. Re-Conceptualising Graduate Employability:The Importance of Pre-Professional Identity[J]. Higher Education Research & Development,2016,35(5):925-939.

[75] GODWIN A. The Development of a Measure of Engineering Identity[C]//ASEE. Proceedings of Annual Conference & Exposition. New Orleans:ASEE,2016.

[76] MORELOCK J R. A Systematic Literature Review of Engineering Identity:Definitions,Factors,and Interventions Affecting Development,and Means of Measurement[J]. European Journal of Engineering Education,2017,42(6):1240-1262.

[77] LINDSAY E D,MORGAN J R. The CSU Engineering Model:Educating Student Engineers Through PBL,WPL and an Online,on Demand Curriculum[J]. European Journal of Engineering Education, 2021,46(5):637-661.

[78] ASHFORTH B E,ROGERS K M,CORLEY K G. Identity in Organizations:Exploring Cross-Level Dynamics[J]. Organization Science,2011,22(5):1144-1156.

[79] 刘成科,孔燕.博士生科研自我效能感的现状调查及提升策略[J].研究生教育研究,2017,42(6):41-46.

[80] 周文霞,郭桂萍.自我效能感:概念、理论和应用[J].中国人民大学学报,2006(1):91-97.

[81] 王雅静,田庆锋,蔡建峰.研究训练环境与导师支持对博士生科研产出的影响机理探析[J].西北工业大学学报(社会科学版),2015,35(3):99-104.

How does University-Enterprise Joint Training Affect Innovation Ability of Engineering PhD Students?
—Review and Prospect Based on Systematic Literature Review

Wei Lina

Abstract: Engineering PhD students are the reserve army of high level innovative talents in the field of engineering technology. The university-enterprise joint training is an effective way to improve the quality of engineering PhD training, but there is a lack of research on its process and effect in domestic academia. Based on the systematic literature review method, this study reviews the research literature of the university-enterprise joint engineering PhD training, and defines the connotation of the university-enterprise joint engineering PhD training from a feature-oriented perspective. From the perspective of process theory, it explores the influence of individual characteristics, university characteristics and enterprise characteristics on the innovation ability of engineering doctoral students, and reveals the influence of knowledge sharing, identity and other variables on the training process of engineering doctoral students in combination with enterprises. Theoretically, this study builds a theoretical model of the mechanism of the influence of university-enterprise joint training on the innovation ability of engineering PhD students, and deepens the academic circle's understanding of this mechanism.

Keywords: University-Enterprise Joint Training; Engineering PhD Students; Innovation Ability; Systematic Literature Review

Research on the Path of College Student Party Branch to Improve the Quality of Regular Organization Activity

高校学生党支部提高组织生活质量的路径研究①

|陈　浩|

【摘　要】 加强支部建设是从根本上提高党建工作科学化水平的重要途径。本文以实效性、向心力、覆盖面衡量学生党支部组织生活的内涵质量,用能力、创新、制度、保障四个方面刻画学生党支部组织生活的外延质量,通过调查研究和数据分析得出当前高校学生党支部存在的问题及突出特征,有针对性地多方面寻求解决之道,形成创新组织生活模式、提高组织生活质量的切实建议。

【关键词】 高校;党支部;组织生活

　　加强和改进党的建设关键在于抓基层打基础,尤其要抓住党支部建设这个重点。习近平总书记指出,"基层党组织是贯彻落实党中央决策部署的'最后一公里',不能出现'断头路',要坚持大抓基层的鲜明导向,持续整顿软弱涣散基层党组织,有效实现党的组织和党的工作全覆盖,抓紧补齐基层党组织领导基层治理的各种短板,把各领域基层党组织建设成为实现党的领导的坚强战斗堡垒"[1]。2021年,中共中央印发了修订后的《中国共产党普通高等学校基层组织工作条例》,其中也特别强调了对严格党的组织生活的相关要求,特别是对学生党支部的职责做了明确的规定。

①作者简介:陈浩,浙江大学能源工程学院党委书记,浙江大学马克思主义学院博士研究生;研究方向为马克思主义基本原理、党建、高等教育管理。

学生党支部建设是高校党建工作的重要组成部分，直接关系到社会主义事业合格建设者和可靠接班人的培养，关系到"科教兴国""人才强国"等重大战略部署的实施。我国高校学生党建工作已经取得了突出的成绩，大学生基层党支部建设、党员比例、党员素质等都有了大幅度的提升。然而，随着高等教育的不断发展，大学生思想状况和个性特征多样化给高校学生党建工作带来新的困难和挑战，原有的高校学生党建工作体制，特别是程式化的学生党支部组织生活模式已经越来越无法满足新的需要，在新的形势下，正确认识高校学生党支部组织力的科学定位，精准把握高校学生党支部组织力现状，切实提升高校学生党支部组织力，是高校党建和思想政治工作的重要课题。[2]

目前，对学生党支部生活质量进行系统研究的文献较少，现有的研究成果主要论述了党员组织生活的意义、现状、不足、原因以及对策。现有研究归纳起来有以下几个特点：一是定性研究多，定量研究少，大部分文献没有用数据说话；二是面上研究多，案例研究少，有的调查研究缺乏足够的吸引力和说服力；三是制度研究多，方法研究少。有的文献着眼于研究组织生活制度，并就完善制度提出意见建议，但对于如何在支部生活内容和形式上进行创新论述较少。基于上述认识，本文集中着眼于操作层面、实证层面和案例层面，结合调查研究，对提高学生党支部生活质量提供一些有益洞见。

一、提高学生党支部生活质量的重要意义

支部生活质量是指开展支部活动取得的实际成效，是衡量学生党建工作水平的重要方面。组织生活质量的高低直接影响到党员素质的提高，同时也影响到党的形象。[3]当前加快提高党支部组织生活质量的重要性至少体现在以下几个方面。

一是进一步突出思想引领，增强学生思政教育成效的迫切需要。"立德树人是高校的根本任务，思想政治教育工作是落实立德树人根本任务的关键。"[4]学生党支部作为开展思政教育的主渠道之一，肩负着思想引领的重要职责。近年来，随着世情、国情、党情、民情、校情不断发生深刻变化，大学生思政教育面临新的形势和挑战：首先是多元价值观、意识形态渗透的考验将长期存在，一些新生思潮与社会现象会对主流价值观带来挑战，亟须对学生加强核心价值观教育；其次是随着竞争和就业压力的不断增大，亟须引导学生提高创业创新能力，树立科学的择业观；再次是面对社会的深刻转型，需要引导学生正确认识社会矛盾，理性爱国、成才报国。这些特点和要求必然对党支部建设产生实质性影响，必须通过持续提高支部生活质量，增强思政工作的感召力和实效性。

二是进一步突出典型引路，发挥党员先锋模范作用的迫切需要。学生党支部是学生党员实现自我教育、自我管理、自我服务的重要舞台，支部生活质量与党员作用的发挥互为因果。现阶段，党员在学生心目中的威信有待进一步提升，学生的党员意识有待进一步加强，学生党员作为一个群体的先进性有待进一步彰显。所以，需要通过支部生活质量的提升，引导广大党员学生创先争优，在思想、学习、工作、生活、社会实践等各个方面切实发挥先锋模范作用。

三是进一步突出党群共建，扩大党支

部工作覆盖面的迫切需要。长期以来,如何通过支部建设影响和带动更多学生,一直是学生党建工作的难点。特别是党群共建长效机制难以形成,支部缺乏联系学生的有效载体,导致大学生入党热情随着年龄的增长呈现递减趋势,出现不主动争取机会、不关心时事政治、不以被发展成党员为荣等思想。[5] 所以,密切党群联系成为提升支部生活质量的应有之义。必须创新支部生活制度和内容,更好地发挥基层党组织联系师生的桥梁和纽带作用。

二、学生党支部组织生活的质量内涵与外延

生活质量一词最早见于美国经济学家 J.K.加尔布雷思所著的《富裕社会》一书,此后这一概念成为一个专门研究领域。生活质量主要有客观评价和主观评价两个维度,前者是指生活水平、居住条件、教育状况等客观指标,后者是指生活满意度、幸福感等主观指标。将这一概念运用到组织生活当中,则主要指组织成员对组织生活的认同度。组织生活质量认证可以推动党建优势转化为中心效能,促进其发展"见效"。[6] 对于党支部而言,其内涵质量主要体现为支部党员、积极分子以及组织生活所覆盖的群众对支部工作的评价。

一是实效性,即党支部工作对学生思想引领、学业进步是否有真正的帮助。其客观指标包括支部党员学习成绩、获奖情况等,主观指标是党员对支部工作有效性的认同等。

二是向心力,即支部成员是否向往支部生活,支部是否具有吸引力和魅力。其客观指标是支部成员在支部活动中的出勤率等,主观指标包括支部成员对支部活动的满意度、对支部文化的认同等。

三是覆盖面,即支部在群众中的影响力,广大学生是否感受到党组织的影响与存在。其客观指标是广大群众向党支部靠拢的积极性(递交入党申请书的比例等),主观指标是广大群众对党组织的评价。

实践当中,影响支部生活质量的外延因素可以概括为四个方面。

一是能力因素,即支部成员提升支部生活质量的主观能动性。具体而言,包括党支部书记的责任心和影响力、支委以及学生骨干的工作能力、支部党员的政治觉悟和素养等。

二是制度因素,即保证支部生活质量的制度环境。具体而言,包括支部的组织纪律、支部的民主氛围、支部党员联系积极分子制度、党员与群众结对子制度等,其实质是党的组织纪律、民主集中制、群众路线在支部的贯彻落实情况。

三是创新因素,即支部创造性开展工作的情况。具体而言,包括支部活动内容、支部活动形式等。

四是保障因素,即支部开展组织生活的基本条件。具体而言,包括支部开展活动的时间、活动场所、活动经费等。

综上,支部生活质量的评价认证可以用图1表述。

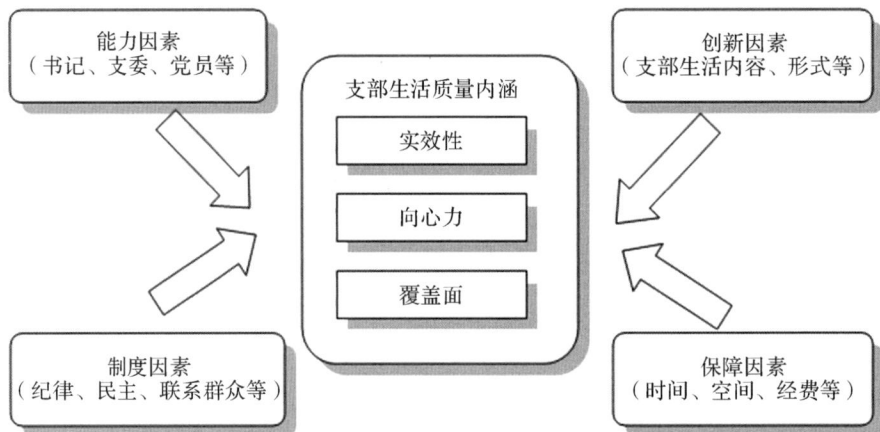

图 1 支部生活质量的质量内涵与外部因素

三、调查结果与因素分析

为了验证第二节提出的基本理论框架，进一步对影响支部生活质量主要因素进行实证分析，笔者对 433 名本科生发放问卷，共回收问卷 395 份，经过筛选共获得有效问卷 382 份。调查对象中男生占 54%，女生占 46%；党员占 58.9%，入党积极分子占 41.1%；大一新生占 15.7%，大二学生占 56.3%，大三学生占 17.3%，大四学生占 10.7%。

根据前面的分析，笔者提出如下假设。

H1：支部书记能力（责任心和影响力）影响支部生活质量（＋）；

H2：支委和学生骨干能力影响支部生活质量（＋）；

H3：支部党员能力（政治觉悟及素养）影响支部生活质量（＋）；

H4：支部组织纪律影响支部生活质量（＋）；

H5：支部民主氛围影响支部生活质量（＋）；

H6：支部党员与普通同学结对情况影响支部生活质量（＋）；

H7：支部党员联系积极分子情况影响支部生活质量（＋）；

H8：支部活动内容影响支部生活质量（＋）；

H9：支部活动形式影响支部生活质量（＋）；

H10：支部活动时间影响支部生活质量（＋）；

H11：支部活动场所影响支部生活质量（＋）；

H12：支部活动经费影响支部生活质量（＋）；

其中 H1－H3 是能力因素，H4－H7 是制度因素，H8－H9 是创新因素，H10－H12 是保障因素。对每个问题提供"很高、较高、一般、较低、很低"五个选项，分别赋予 1－5 分不等的分值，从而量化上述 12 个因素和支部向心力、覆盖面、实效性 3 个方面评价的得分。将 235 个样本汇总，并运用 SPSS 软件对各影响因素和支部生活质量进行相关分析，结果如下（见表 1、表 2、表 3、表 4）。

表 1　能力因素对支部生活质量的影响

			向心力	覆盖面	实效性	支部生活质量
kendall 秩相关系数	支部书记能力	相关系数	0.365**	0.400**	0.420**	0.449**
		Sig.（双侧）	0.000	0.000	0.000	0.000
		N	235	235	235	235
	学生骨干能力	相关系数	0.364**	0.403**	0.348**	0.423**
		Sig.（双侧）	0.000	0.000	0.000	0.000
		N	235	235	235	235
	党员能力	相关系数	0.404**	0.499**	0.370**	0.478**
		Sig.（双侧）	0.000	0.000	0.000	0.000
		N	235	235	235	235
	能力因素	相关系数	0.411**	0.472**	0.413**	0.499**
		Sig.（双侧）	0.000	0.000	0.000	0.000
		N	235	235	235	235

注：** 表示在置信度（双测）为 0.01 时，相关性是显著的。

能力因素中支部书记对支部生活实效性影响最大（0.420**），说明支部书记对同学们的成长具有重要的指导作用，支部党员的政治觉悟和素养对向心力、覆盖面的影响最大，说明支部的作用发挥依靠的是党员，党员自身的素质对于支部形象而言十分重要。

制度因素中组织纪律对向心力影响最为显著（0.420**），这从一个侧面反映现阶段支部同学参加支部活动的积极性更多依赖制度约束。对支部覆盖面贡献最大的是结对情况（0.488**）。对实效性贡献最大的是联系情况（0.409**）。

创新因素中活动内容对向心力影响较大，活动形式对覆盖面和实效性影响较大。所以，要增强支部党员参加支部活动的积极性，必须使支部生活内容有吸引力。

表 2 制度因素对支部生活质量的影响

			向心力	覆盖面	实效性	支部生活质量
kendall 秩相关系数	组织纪律	相关系数	0.420**	0.431**	0.331**	0.440**
		Sig.（双侧）	0.000	0.000	0.000	0.000
		N	235	235	235	235
	民主氛围	相关系数	0.410**	0.384**	0.405**	0.448**
		Sig.（双侧）	0.000	0.000	0.000	0.000
		N	235	235	235	235
	结对情况	相关系数	0.339**	0.488**	0.340**	0.445**
		Sig.（双侧）	0.000	0.000	0.000	0.000
		N	235	235	235	235
	联系情况	相关系数	0.298**	0.471**	0.409**	0.451**
		Sig.（双侧）	0.000	0.000	0.000	0.000
		N	235	235	235	235
	制度因素	相关系数	0.414**	0.531**	0.441**	0.539**
		Sig.（双侧）	0.000	0.000	0.000	0.000
		N	235	235	235	235

表 3 创新因素对支部生活质量的影响

			向心力	覆盖面	实效性	支部生活质量
kendall 秩相关系数	活动内容	相关系数	0.472**	0.375**	0.430**	0.477**
		Sig.（双侧）	0.000	0.000	0.000	0.000
		N	235	235	235	235
	活动形式	相关系数	0.453**	0.385**	0.441**	0.486**
		Sig.（双侧）	0.000	0.000	0.000	0.000
		N	235	235	235	235
	创新因素	相关系数	0.487**	0.392**	0.460**	0.512**
		Sig.（双侧）	0.000	0.000	0.000	0.000
		N	235	235	235	235

表 4　保障因素对支部生活质量的影响

			向心力	覆盖面	实效性	支部生活质量
kendall 秩相关系数	时间	相关系数	0.391**	0.376**	0.377**	0.432**
		Sig.（双侧）	0.000	0.000	0.000	0.000
		N	235	235	235	235
	场所	相关系数	0.390**	0.236**	0.282**	0.321**
		Sig.（双侧）	0.000	0.000	0.000	0.000
		N	235	235	235	235
	经费	相关系数	0.380**	0.304**	0.341**	0.384**
		Sig.（双侧）	0.000	0.000	0.000	0.000
		N	235	235	235	235
	保障因素	相关系数	0.464**	0.365**	0.404**	0.465**
		Sig.（双侧）	0.000	0.000	0.000	0.000
		N	235	235	235	235

由表 4 可以看出,保障因素中支部组织生活时间的影响最为显著,其次是经费和场地。

综上,H1－H12 等 12 个假设基本成立,从影响程度看制度因素对支部生活质量影响最大,随后依次是创新因素、能力因素和保障因素。其中比较关键的核心要素是支部活动形式（0.486**）、党员能力（0.478**）、活动内容（0.477**）、联系积极分子情况（0.451**）、支部书记能力（0.449**）。

问卷对大学生接受思政教育的特点也作了初步了解,设计了五个问题,相关调查结果整理见表 5。

表 5　大学生接受思政教育的特点

问题	选项及主要结果（括号数字为选择该项频次的百分比）
您最愿意参加的组织活动是（　　）	班级活动（32%）,社团活动（32.8%）,党支部活动（27.6%）,网络社区活动（6.6%）,其他活动（1%）
您认为自己思想认识上受益较大的信息渠道有（　　）	课堂（18.5%）,互联网（22.6%）,图书报刊（20.6%）,党支部生活（13.8%）,社团活动（6.6%）,老师和朋友（17.9%）
您最喜欢的支部生活内容有哪些（　　）	发展党员（7%）,理论学习（11.8%）,民主生活会（22.2%）,社会实践（33.4%）,校外学习考察（25.6%）
您认为以下哪些支部生活形式效果较好（　　）	读书报告（13.4%）,听专题讲座或报告（15.6%）,邀请专家交流（17.9%）,团体辅导（10.7%）,体验式学习（34%）,开展支部结对子活动（7%）,在线交流（1.4%）

问题	选项及主要结果（括号数字为选择该项频次的百分比）
您认为支部书记开展思想政治教育的最佳形式是（　　）	召开座谈会（23.8%），开展丰富多彩的课外活动（44.9%），单独交流（18.3%），通过 QQ、微信等网络形式交流（13%）

四、提高学生党支部组织生活质量的途径和方法

结合问卷调查结果的分析和工作实际，针对当前学生党支部组织生活出现的一些问题和不足，本文试就提高学生党支部组织生活质量进一步提出建设目标和方向，并结合制度、创新、能力、保障四个对支部组织生活质量有显著影响的因素加以改进。

（一）建设学习型党支部

提高学生党支部组织生活质量，首先要明确建设目标和方向。我们的党是一个重视学习的党。建设学习型党支部是创建学习型社会的重要组成部分，也是当前加强基层党组织建设、提高支部生活质量的重要途径。对学生而言，本职工作是学习，对学生党支部而言，最大的特色也是学习。因此，加强新时期学生学习型党支部建设，应当在四个方面狠下功夫：一要进一步优化党支部结构，首先对学校、学院而言，要积极探索最佳的党支部设置模式，在学生专业、支部人数等具体因素上进行通盘考虑，尽量使学生党支部成为一个有机整体，便于支部成员开展工作。其次是学生党支部内部的结构有待完善，传统的直线型学生党支部已经不适合学习型党支部建设的需要，学习型党支部组织结构应该具有集散型、扁平化、动态性、无固定边界的特点。可以尝试将支部划分为几个不同的兴趣小组，让小组成员创造性地开展活动，各组间定期交流，在相互竞争中激发学习的兴趣；二要建立起有效的沟通对话机制，建立支部书记与支部成员促膝谈心制度、定期研讨辩论制度、读书报告会制度等，保证学生有充足的交流对话空间。创新活动形式，积极拓展对话平台，例如应当广泛采取网络对话方式，不断增强支部生活的亲和力和吸引力；三要建立起有效的学习机制，设计鼓励学习的规章制度，将集体学习、邀请专家作辅导报告、定期交流学习体会等工作长期化、制度化，充分调动学生学习的积极性和主动性。让支部成员与学习困难的同学结对子，通过支部良好的学习氛围，带动全体学生学习的热情；四要加强党支部书记的培养工作，使党支部书记在学习型支部建设中发挥应有的作用。党支部书记应当善于调动学习气氛，尤其要善于引导支部成员建立共同的愿景，团结和带领广大党员认真学习、共同进步、成长成才。

（二）加强组织制度设计

通过问卷调查结果易于看出，制度因素对支部生活质量影响最大，呈现显著相关关系。因此，应当把组织制度设计放在支部建设质量提升的重中之重。制度是基本性的行为规范，有刚性的约束力。健全大学生党支部组织生活长效机制是提高大学生党支部组织生活质量的关键。[7]

一要建立授权机制。良好的授权是支部建设的重要基础。党支部当中学生往往是受教育者，容易忽视发挥学生的主观能动性。发挥学生作用的最有效机制就是授权，即放手让学生做事情。授权机制的一个最直接的效果就是培养学生骨干，当然授权不

是指挥学生,而是要用支部书记的知识和涵养影响学生。让学生做事并不意味着支部书记在"偷懒",而是要求支部书记把时间节约出来做一些指导性、前瞻性工作。良好的授权必须建立在目标明确、思路清晰、反馈及时的基础之上,支部书记应当动态掌握授权事件的进展。有时为了让授权效果更好,要适当引入竞争机制,让支部成员在竞争中获得更快成长。

二要完善奖励机制。必要的奖励对于发挥学生的积极性、创造性是很重要的,就支部内部而言,需要创新奖励思路:一要注重用身边人激励身边人,要善于树立同学身边的榜样,不一定要取得突出的业绩,但要具有道义力量和典型性。二要注重奖励的内涵,现在的大学生不大愿意接受特别正规的荣誉或头衔,特别是支部内部不必要设立类似"学习标兵"之类的奖励,而是应该更贴近学生实际,例如设立"最有责任感""最认真""最有亲和力"等党员评选活动,或者还可以适当幽默一些,评"最寂寞""最给力"的党员等,这样学生参与的积极性就特别高,当选者内心受到的激励或鞭策是比较强烈的。三要注重发扬民主,要让身边人评价身边人,这样选出的人是最有代表性的,评选先进的过程本身也是一种激励和教育过程。

三要重视承诺机制。在每个学期或学年开始的时候,让支部党员对自己的工作学习和生活作一些承诺,形成责任感和自我约束。具体来说,一是要注重承诺的内涵,应避免承诺内容过于一般化,一些本来是党员应该具备的基本条件不应该列入承诺事项(例如考试不作弊),同时也要使承诺更加具体和量化,确保可实现性。二是要注重对承诺的点评,支部书记要及时跟进指导。三是要对未实现的诺言建立必要的"惩罚"机制,这样承诺才更加有效。当然,"惩罚"象征意义大于实质,例如可以要求未兑现诺言的党员写一篇思想认识,或者参加一次义务劳动或公益活动等。这样在思想上就会产生深刻印象,更加能够督促自己改进。

四要形成互助机制。扩大支部工作覆盖面,必须建立党员之间、党员与群众之间的互动机制,这也是当前党支部建设的一个难点。当前学生党支部需要明确的互助机制包括:党员联系学生寝室制度(或党员责任区),了解同学思想动态,及时反映问题等等,而且要建立联系情况汇报和支部交流制度,便于支部书记动态掌握更广泛的情况;党员联系积极分子制度,明确党员联系积极分子的工作任务,不能简单地应付,要有深层次的思想交流;党员与困难学生结对制度,主动帮助学习、经济、思想等方面遇到困难的学生解决问题,让更多学生切实感受到组织的关心;支部情况通报制度,指定专人负责将支部学习情况及时向所在行政班传达,使支部建设能够引领辐射到行政班建设当中,真正使党支部建设与其所辖的行政班级建立关联。为了督促党员更好地联系群众,建议可以将联系群众情况纳入党员评价体系,鼓励党员更好地履行责任。

五要严肃评议机制。加强和改进党支部建设,必须建立起有效的评议机制,这也是发扬党内民主的体现。一是要建立对支部生活有效的评议机制,不定期召开会议,听取党员、积极分子和群众对支部生活的意见建议,及时研究新情况、解决新问题;二是建立对党员有效的评议机制,不定期召开民主生活会开展批评与自我批评,可以采取自评、他评、群众评议等多种形式,促进党员更好地自律;三是可以创新评议方式。只有不断集中同学们的智慧,才能不断提升支部建设成效。

(三)创新活动载体设计

影响程度排在第二位的是创新因素,丰富组织生活内容和拓展组织生活形式能够提升大学生党支部组织生活的内在动力,但学生党支部必须在与时俱进地设计活动形式和内容的同时葆有鲜明的政治特色，可以聚焦心灵沟通、思想引领、中心任务和实践感悟四个方面。

一要突出心灵沟通，创新传统组织生活内容。支部生活应致力于构建师生之间、学生之间真诚沟通的桥梁。必须改变传统的例会模式，让一些常规的、相对枯燥的活动（例如发展党员、民主生活会等）更加贴近学生实际，成为与学生心灵互动的机会。所以，支部要精心准备每一次活动，例如发展党员的支部会议，不能仅仅按照规定程序，让同学从头至尾读志愿书，可以尝试让发展对象谈谈自己对党最认同的方面是什么，最主要的认识困惑在哪里，入党的最直接动机是什么，针对这些问题支部书记应当一一点评，也可以发动同学们交流，使常规的会议能够探讨式进行。

二要突出思想引领，形成正面教育特色优势。党支部应当努力成为思想政治教育的前沿阵地，特别是要发挥正面引导的积极作用。对大学生特别是低年级学生而言，最大的问题或困惑不是心理健康问题，而是理想信念迷茫问题，一些困惑如果长期存在将影响他们的世界观、价值观。所以支部应当让思政教育更有吸引力，有吸引力的前提是要有针对性。要围绕学生普遍关心的国际热点问题、就业问题、物价问题、收入分配问题、腐败问题等开展引导，切实让学生更加客观、理性地看待社会现象。特别是对于中央一些重大文件，要认真细致地向学生讲解，不能大而空，应当运用丰富的素材讲解文件背后的鲜活事件，让学生看到中央的大政方针与日常生活的紧密联系，看到党的事业与个人事业发展的高度一致性，从而增强向党组织靠拢的动力。

三要突出中心任务，围绕成才主题设计内容。现在，大学生自我发展的意识普遍较强，支部生活只有真正与大学生成长成才紧密结合起来，才能得到他们的支持和认可。不同阶段的大学生面临不同的成长任务，例如大一新生面临如何"破冰"，大二学生面临专业确认，大三学生面临出国、考研等备战，大四学生面临就业等，所以党支部必须对大学生在这些选择当中面临的困难或问题作出积极回应。当然党支部不能仅仅局限在操作层面对学生进行辅导，例如如何备战考研、如何申请出国，这些工作可以发动党员学生去完成，支部更需要做的是在思想观念上引导学生如何作出正确选择，例如如何正确选择人生，如何看待自己的禀赋，如何面对挫折和挑战等。支部生活既要服务学生成长，又要引导学生成长，这才是其恰当的定位。

四要突出实践感悟，大力拓展支部生活空间。支部生活不能局限在学校，不能局限在室内，要让学生到更广阔的天地接受教育。精心策划方案，让学生在有限时间内接受更大信息量。要创造条件让学生深入基层、深入到一线，能够最直接地接受思想的洗礼。例如开展支部党员与贫困地区孩子（或者农民工子女）结对活动，开展支部党员服务"空巢老人"活动，支部党员社会调查活动等，通过这些活动引导党员学生树立社会责任感，以实际行动展现党员风采。

(四)优化交流方式

从问卷调查结果看，能力因素影响排在第三位，也对党支部与时俱进的能力和水平提出了更高要求。特别是支部书记与成员、成员与成员之间的交流方式，构成了支部生活的重要部分。新时代大学生的日常交流方式与以往相比发生了较大变化，支部的交流方式也要因应变化，特别是注重利用好个性化教育、无言式教育、互动式教育和新媒体平台的新手段。

一是因材施教。集中交流是支部活动的主要形式，但要想工作更加深入，必须重视点对点的单独交流。这种交流可以通过电子邮件、单独谈话、开展小范围的活动等方式进行。其实如果将工作做得更细，支部里每一位同学都需要进行个性化教育，所以支部书记必须与每一个人建立不同的沟通机制，有的需要鼓励，有的需要鞭策，有的需要授权等。有时也需要创造类似餐叙、茶叙等轻松的沟通氛围，通过研讨式、互动式交流，进一步增进彼此的信任与理解。只有真正将每一位支部同学当作朋友来对待，才能真正建立和谐向上、平等互信的支部文化。

二是共同体验。即支部成员在共同参与项目、共同克服困难的过程中达到思想上的默契和互通。通常，正面的说教容易受到时空限制，也容易令师生之间产生距离感。现在的学生接受信息的渠道很多，对很多事情都很懂，而且也非常有独立精神，对于常规的道理他们更接受"无言的教育"。所以，支部应探索开展素质拓展、毅行、或者参与比赛等活动，让同学们在体验中接受深刻的教育，感受集体的力量。

三是团体辅导。在团体情景中开展支部生活，积极将心理健康教育、职业规划辅导等融入支部活动，增加支部生活内涵。特别是团体辅导中有一些方法可以借鉴到普通支部生活当中，例如支部会议的"热身"环节，可以通过一些互动小游戏消除支部成员的隔阂。由于团体辅导参与性较强，对大学生能够产生新鲜感，将其运用到支部建设中具有积极意义。

四是网络交流。学生党支部建设将不可避免地回应网络时代的发展要求，常见的交流形式有支部 QQ 群、支部微信群等，通过在线交流极大地拓展了支部生活时空，同时也形成了独具特色的支部精神家园。在建设中也应当注意，网络方式不能流于形式，特别是微信群和微博等，需要有及时的更新和新思想的互动，如果只是徒有其表，则无法达到预期目的。另外，支部的网络空间应当建立在学生经常光顾的媒体（例如新浪微博、微信公众号等）上，学生最关注的网络在哪里，思政工作的前沿阵地就要延伸到哪里。只有这样，支部的网络建设与学生的关注点才有共同语境和交集。

（五）加强支持和指导

经过调研，保障因素与支部生活质量显著相关，同时也略显薄弱。提高学生党支部的组织生活质量，既要学生支部自主发力，也要上级党组织支持和指导。对上级党组织而言，要加强学生支部书记的遴选和培养工作，择优选择合适的人选担任学生支部书记，同时要加强对支部书记的培训，提升支部书记的理论素养和思想引领能力；增强学生党支部的权威性，赋予学生党支部在评奖评优、纪律处分等工作中更多的权责；营造"以党为荣"的文化氛围，将担任支部书记、支委的经历作为学生评奖评优的重要依据，对于荣获优秀共产党员称号的同学给予适当的奖学金，以增强广大大学生对共产党员荣誉的关注度；科学设置学生党支部，特别要注意控制党支部人数；为学生党支部建设提供更好的支撑保障条件，包括经费、时间、场地、资料等。

参考文献

[1] 习近平.贯彻落实新时代党的组织路线 不断把党建设得更加坚强有力[J].求是,2020(15):8.

[2] 杨爱华.新时代高校学生党支部组织力提升策略[J].中国高等教育,2021(18):37.

[3] 李强.党支部如何提高组织生活质量和效果[J].商业文化(下半月),2011(7):278.

［4］王昌文,赵兴高.新时代高校学生党支部组织力提升的实践路径探究[J].决策探索(中),2021(9):33.

［5］查方勇.新时代高校学生党建工作质量提升的对策[J].学校党建与思想教育,2021(12):38.

［6］朱洪春.组织生活质量提升的路径选择[J].人民论坛,2021(3):109.

［7］王新皓,王华敏.提升大学生党支部组织生活质量方法研究[J].学校党建与思想教育,2017(22):29.

Research on the Path of College Student Party Branch to Improve the Quality of Regular Organization Activity

Chen Hao

Abstract： Strengthening the construction of Party branches is an important way to fundamentally improve the scientific level of Party building. This paper measures the connotation quality of the organizational life of the student Party branch with effectiveness, centripetal force and coverage, and depicts the extension quality of the organizational life of the student Party branch from four aspects: ability, innovation, system and guarantee. Through investigation, research and data analysis, this paper obtains the problems and prominent characteristics of the current student Party branch in colleges and universities, seeks ways to break the situation in many aspects, and forms an innovative organizational life model and practical suggestions to improve the quality of organizational life.

Keywords： Universities；Party Branch；Regular Organization Activity

工程
教育
*Engineering
Education*

The Path and Experience of Engineering Education Cooperation Between China and International Organizations

我国与国际组织工程教育合作的路径构建及经验启示①

|陈会民|　|王孙禺|

【摘　要】　国际组织作为全球沟通者、政策协调者,在国际交流与合作中发挥着重要作用。大变局时代,国际竞争日趋激烈,国家间的科技合作愈发艰难。面对新一轮科技革命和产业变革,加强与国际组织在工程教育领域的合作,是提升我国工程教育国际影响力,建设工程教育强国的必由之路。文章首先从国际关系的视角分析了我国与国际组织开展工程教育合作的现实需要和基础。然后,以国际工程教育中心为例,构建了我国与国际组织工程教育合作的五大路径并探讨其合作成效。最后,根据国际工程教育中心的实践经验,提出深化我国与国际组织在工程教育领域合作的建议。

【关键词】　国际组织;工程教育;国际合作

①本文系中央高校基本科研业务费专项资金资助项目"国际组织参与全球工程教育治理的关键机制研究"(编号:ZY2331),中国工程院战略咨询项目"新冠疫情之后的工程教育与国际合作:挑战与对策"(编号:2021-HZ-1)研究成果。

作者简介:陈会民,北京化工大学文法学院讲师,北京化工大学"一带一路"全球合作研究院特聘研究员,清华大学教育研究院博士后。

王孙禺,清华大学教育研究院教授,联合国教科文组织国际工程教育中心执行副主任兼秘书长。

一、引言

党的二十大报告强调"加快建设教育强国、科技强国、人才强国"[1]。工程教育担负着培养国家急需的各类工程科技创新人才的重任,是国家科技创新的核心驱动力量之一,是我国建设世界重要人才中心和创新高地的战略根基。我国工程教育规模世界第一,培养了大批工程科技人才,有效支撑了第一制造大国的建设和发展,是一个名副其实的工程教育大国。面对新一轮科技革命和产业变革挑战,为使我国在日趋激烈的国际竞争中占据有利地位,迫切需要加快推进世界一流工程教育建设,而全球合作是世界一流工程教育的重要特点,[2]因此,加强国际合作,是提升我国在国际工程教育共同体中的影响力与话语权,推进工程教育强国建设的必由之路。

二、我国与国际组织工程教育合作的现实需要与基础

(一)我国与国际组织工程教育合作的现实需要

全球工程教育合作面临现实与理论的双重困境。近年来,尤其是新冠疫情发生之后,某些西方国家对我国设置壁垒进行科技打压,比如限制我国学生在一些尖端科技领域内的学习,妄图通过科技脱钩来限制我国发展,工程教育领域内国家之间的交流与合作愈发艰难。[3]在理论层面,强调权力争夺的权力合作理论、基于制度规约的制度合作理论、致力于文化理解的文化合作理论和以能力建设为目标的能力合作理论均陷入困境,无法完全满足新时代教育领域国际合作的需求。[4]破解工程教育国际合作的难题,急需转换思路,拓展新的合作网络。

国际组织超脱于国家之外又斡旋于国家之间,扮演着全球沟通者、政策协调者的角色,被认为是人类共同利益的代表或者国际价值观的捍卫者,是政治因素之外的重要合作载体。这种特殊身份的天然角色优势,使国际组织成为国际交流与合作中的重要主体。联合国教科文组织(UNESCO)、世界工程组织联合会(WFEO)、国际工程联盟(IEA)、国际工程教育学会联盟(IFEES)等国际组织,以及区域性非政府组织例如亚太工程组织联合会(FEIAP)等,在推动工程教育国际交流与合作中发挥了越来越重要的作用。国际组织对国家政策具有一定的影响力。[5]国际组织通过教育(Teach)的方式,将国际规范"传授"至国家,并促使国家认识、学习、接受其规范的内容与价值,使国家接受新的政治目标和新的价值观并完成社会化,最终达到促使国家遵循国际规范的目的。因此,加强与国际组织的合作,是提升我国工程教育国际影响力,建设工程教育强国的有效途径。

(二)我国与国际组织工程教育合作的基础

我国与国际组织在工程教育领域具有一致的合作目标,即通过发展工程教育创造人类美好未来,这是我国与国际组织开展合作的重要基础。2015年,联合国193个成员国在可持续发展峰会上正式通过了17个可持续发展目标(SDGs)和2030年可持续发展议程。其中多个目标与工程直接相关,都需要植根于工程的解决方案。比如清洁饮水和卫生设施,经济适用的清洁能源,产业、创新和基础设施,可持续城市和社区,负责任消费和生产,气候行动,等等。工程创造了我们当下生活的世界,在实现可持续世界方面发挥着核心作用。工程教育承担着培养工程科技人才的重要使命,应该按照可持续发展战略指引的方向进行改革,以培养

能致力于可持续发展目标的实现、为广大人民谋福利的未来工程师。[6]联合国教科文组织（UNESCO）、世界工程组织联合会（WFEO）、国际工程联盟（IEA）等国际组织都致力于将可持续发展理念融入工程教育，通过工程教育改革推动可持续发展目标的实现。[7]可持续发展理念与我国所提出的人类命运共同体理念高度契合。人类命运共同体理念超越了种族、文化、国家与意识形态的界限，为解决气候变化、公共卫生健康、经济发展、扶贫减贫等全球性的发展问题提供了思路与方案路线。通过发展工程教育提高工程科技水平，能够为实现全球可持续发展提供保障，为建设人类共同的美好未来提供人力资源和科技能力基础。这是人类命运共同体的重要组成部分和具体行动实践，是人类命运共同体由愿景成为现实、由理念成为实践的具体路径。

我国与国际组织在工程教育领域具有互相认同的合作理念。"平等、包容、发展、共赢"，不仅是联合国教科文组织国际工程教育中心开展国际合作的原则，也是我国和其他国际组织在工程教育领域开展交流与合作过程中所遵循的价值观。"平等、包容、发展、共赢"的合作理念内涵包括：秉持开放的心态，共商共建工程教育标准和协议互认机制，破除工程科技人才流动的政治壁垒和意识形态障碍，促进工程科技人才的有序、良性国际流动，共享工程教育资源和发展成果，推动全球工程能力建设，弥合发展中国家和发达国家之间的鸿沟，实现不同国家和地区的均衡、协调与可持续发展。"平等、包容、发展、共赢"的合作理念奠定了我国与国际组织开展交流与合作的基本框架，即以发展工程教育、提升工程能力为核心目标，以平等对话、协商共治、共建共享、互利共赢为原则，提升工程教育质量，促进工程科技人才的国际流动，实现可持续发展目标，造福世界各国人民。

三、我国与国际组织工程教育合作的路径构建

我国与联合国教科文组织、世界工程组织联合会、国际工程联盟等在工程教育领域中较为活跃的、有影响力的国际组织建立了广泛的交流合作伙伴关系，主要合作路径有：共建国际工程教育中心、共商工程教育国际标准、合作开展工程教育研究、联合举办工程教育国际会议、共同支持工程教育知识服务等等。

（一）共建国际工程教育中心

在中国工程院和清华大学的支持下，联合国教科文组织国际工程教育中心于2016年成立。该中心是联合国教科文组织在中国设立的二类中心，是世界上唯一一个以工程教育为标题的二类中心。国际工程教育中心秉持人类命运共同体理念，以可持续发展目标为行动框架，推动工程教育与可持续发展目标的融合，致力于构建"平等、包容、发展、共赢"的国际工程教育共同体，促进世界各国工程教育的质量和公平，共享工程教育发展成果。作为联合国教科文组织的二类中心，国际工程教育中心是连接中西方国家、发展中国家与发达国家之间的桥梁，是各类工程教育信息资源集散的重要枢纽，在与联合国教科文组织、国际工程教育组织以及各类科技机构等开展深度合作时有着天然的优势，在开展工程教育国际交流与合作中扮演着重要角色。

（二）共商工程教育国际标准

在工程教育领域，目前比较有影响力的国际标准是国际工程联盟的《毕业要求和职业胜任力》基准框架，该标准是30多个国家和地区工程教育互认和工程师资格互认的基础。自2019年起，国际工程教育中心加

入国际工程联盟和世界工程组织联合会共同组建的工作组,进行《毕业要求和职业胜任力》(2013)标准的修订工作。[8]本次修订的主要目标是确保新的标准反映当代全球关切与共同的价值观,例如可持续发展、多样性和包容性、工程伦理,以及雇主需求,并让未来的工程师、工程技术员、工程技师能够融入推进联合国可持续发展目标的工程实践,进而支持工程师在建设一个更加可持续和公平的世界中发挥重要作用。本轮修订中重点关注六个方面,包括:适应未来工程职业的要求;适应新兴技术发展的要求;适应新兴和未来工程学科与工程实践的要求;回应联合国可持续目标的要求;回应多样性和包容性的要求;回应灵活性、创造性和创新型的要求。2021年发布的新标准将对签约组织的工程教育标准修订、认证实践和院校工程教育改革产生长期影响。此外,世界工程组织联合会与国际工程联盟委托国际工程教育中心将该标准翻译成中文、法文、俄文、西班牙文、阿拉伯文等联合国官方语言,推动其他国家和地区以此为基础,建立更加具有包容性和规范性的工程教育认证和工程师胜任力发展标准。

(三)合作开展工程教育研究

国际工程教育中心与联合国教科文组织、世界工程组织联合会等国际组织合作开展了多项工程教育研究,旨在通过研究推动工程教育改革和可持续发展目标的实现。其中,最具影响力的研究项目是编写《工程——支持可持续发展》报告,这是联合国教科文组织的第二份工程报告。该报告于2021年3月4日世界工程日正式发布,作为联合国教科文组织的旗舰报告之一,报告以英文、法文和中文出版,其执行摘要以英文、法文、中文、俄文、西班牙文和阿拉伯文出版。《工程——支持可持续发展》报告由来自30多个国际组织的40多位作者参加撰写,呼吁联合国教科文组织会员国政府、企业、大学、研究机构、社会公众更加重视工程,并采取切实行动,加强能力建设,建立全球伙伴关系并促进工程合作,借助工程推动全球可持续发展目标的实现。我国的"一带一路"倡议和人类命运共同体理念也通过案例的方式融入报告内容。联合国教科文组织总干事奥德蕾·阿祖莱在报告序言中评价该报告是"联合国教科文组织标准制定工作的一个重要里程碑"[9]。《工程——支持可持续发展》报告不仅是国际工程教育中心与国际组织合作完成的重大学术成果,也是我国与国际组织开展国际合作研究的典范。

(四)联合举办工程教育国际会议

国际工程教育中心联合国际组织定期举办工程教育国际论坛与研讨会,为工程教育领域利益相关者提供经验分享和交流的机会。其中,国际工程教育论坛是由清华大学、中国工程院和联合国教科文组织联合主办、国际工程教育中心与相关工科院系具体组织的高端论坛。2018年举办的首届工程教育国际论坛以"工程教育的创新与发展"为主题,聚焦第四次工业革命和工程教育创新发展。来自近20个国家或地区的知名高校、国际组织、学术团体和企业的150余位专家、学者和行业代表参加了首届论坛。[10]第二届工程教育国际论坛于2020年举办,主题为"环境与可持续发展",包括水生态、气候变化、健康、可持续技术和工程教育促进可持续发展等议题。第二届论坛共有来自25个国家或地区、38家机构的1364人参加。[11]疫情防控期间,国际工程教育中心举办了多场在线教育研讨会、对话、座谈会、研讨会和会议,通过与学堂在线、全球MOOC联盟深度合作,传播清华大学在新冠疫情防控期间的在线教育经验。

(五)共同提供工程教育知识服务

国际工程教育中心与学堂在线和联合国教科文组织国际工程科学技术知识中心紧密合作,为公众提供工程教育知识服务。工程教育知识服务所依托的平台是一个综合性、国际化、非营利性的在线平台,集数据服务、信息服务和教育服务于一体,方便人们一站式获取各类教育资源。该平台包含大量工程教育信息,包括研究文献、政策文件、会议、学术趋势、认证、出版物和在线课程等。基于这个平台,国际工程教育中心为来自发展中国家尤其是"一带一路"沿线国家的国际工程专业学生提供微专业在线学习项目。微专业学习是指针对某一专业主题的一系列在线课程,学习者可以在课程基础上通过考试以短期项目的形式获得认证。2017年至2020年,共有3000名学习者参与微专业在线学习项目,200名学习者通过考试并获得认证。一项调查显示,微专业在线学习项目实施良好,国际工程专业学生在专业知识、问题解决能力、批判性思维和创新能力等方面取得了预期的学习成果。[12]新冠疫情导致全球关闭了大量教育机构,该在线学习项目为确保疫情防控期间国际学生的学习可持续性作出了重要贡献,符合可持续发展的目标。[13]

四、我国与国际组织工程教育合作成效初显

我国与联合国教科文组织、世界工程组织联合会、国际工程联盟等国际组织在工程教育领域的合作成效初显,通过"引进来"和"走出去"的双向合作,我国工程教育国际化水平显著提升,工程教育国际影响力不断增强。国际工程教育中心作为教科文组织全球网络的重要组成,在响应和支持教科文组织发展议程的过程中,不仅能够得到教科文组织的技术援助、信息支持和多边合作网络,学习借鉴世界先进经验,还可向国际社会分享落驻地政府的成功经验和改革方案,进而实现提升本国或地区在相关国际事务中的影响力,乃至规则制定的话语权。[14]

(一)我国工程教育国际化水平显著提升

通过与国际组织在工程教育领域广泛开展合作,引进国际工程教育先进理念,促进工程教育国际交流,推动我国工程教育质量标准与国际接轨,使我国工程教育国际化水平得到显著提升。面向可持续发展的教育(Education for Sustainable Development,ESD)、基于项目的学习(Project Based Learning,PBL)、基于问题的学习(Problem Based Learning,PBL)、基于真实情景的学习(Context Based Learning,CBL)等教育理念不断被我国各大工科院校吸收和实施,促使我国工程教育理念逐渐与国际工程教育界同频共振,不断提升我国工程教育质量。我国自2016年加入《华盛顿协议》,通过认证专业的毕业生数从6.7万名增长到2021年的22万余名。[15]大批工科毕业生在《华盛顿协议》国际互认的助推下,赢得了在其他国家和地区执业的可能,获得了走出国门的通行证。这说明我国工程教育质量标准得到国际认可,真正实现国际实质等效,标志着我国工程教育国际化水平的显著提升。

(二)我国工程教育国际影响力不断增强

我国与国际组织在工程教育领域的合作成效不仅体现在"引进来",还体现在"走出去"。通过与国际组织共建国际工程教育中心、共商工程教育国际标准、合作开展工程教育研究、联合举办高水平国际会议、共同支持工程教育知识国际服务,向世界贡献

我国为解决全球性挑战和全球工程教育面临的普遍问题而提出的新思路、新方案,例如基于人类命运共同体理念的国际工程教育共同体倡议,"平等、包容、发展、共赢"的国际工程教育共同体建设理念等。面向"一带一路"沿线国家工科大学生提供公益性的教育知识服务,共享我国优质工程教育资源,不仅满足了发展中国家工科大学生的学习期待,加深了国际学生对中国的理解和情感联结,还有助于弥合全球工程教育发展不平衡的鸿沟,彰显了我国作为一个负责任大国的担当。

五、我国与国际组织工程教育合作的经验启示

我国历来高度重视与国际组织的合作,积极申请加入各类国际组织,支持并参与国际组织的活动,以期与众多国际组织建立广泛的交流合作关系,共同推动全球工程教育改革与发展,促进人类命运共同体建设与可持续发展目标的实现。大变局时代,尽管世界各国都在呼吁科技合作,但信息技术、航空航天、人工智能等某些关键核心领域的科技壁垒和阻碍因素仍然存在。我国与国际组织在工程教育领域内的合作实践表明,国际组织是各个国家国际工程教育合作交流的重要载体,具有促进各个国家之间合作交流的纽带作用,因此,要充分利用国际组织在工程教育国际交流与合作方面的潜在优势,通过与国际组织的合作,讲好我国工程教育发展的故事和经验,进一步提升我国工程教育国际影响力。

(一)积极拓展国际组织工程教育合作网络

充分利用我国与联合国教科文组织合作的大好局面,拓展与其他国际组织在工程教育领域的合作伙伴关系。联合国教科文组织作为最具普遍性、权威性的教育、科学、文化和传播治理方面的国际组织,在工程教育国际交流与合作中发挥着重要作用。中国是联合国教科文组织的创始会员国,是第一批签字的 14 个国家之一。联合国教科文组织的决策方式是"一国一票"制,即便是奉行霸权主义的美国也不能主导这个组织。我国一直与该组织保持着良好的合作伙伴关系,积极与该组织及其他会员国在各个领域展开合作。[16]国际工程教育中心,就是我国与联合国教科文组织合作的一个典型案例,该中心充分利用联合国教科文组织二类机构的身份优势,与国际工程联盟、世界工程组织联合会等国际组织共商工程教育国际标准、合作开展工程教育研究、联合举办工程教育国际会议等,拓展了我国与其他国际组织在工程教育领域的合作伙伴关系。未来,要坚持多边主义,借助联合国教科文组织,不断拓展我国与国际组织在工程教育领域的合作网络。

(二)共享我国工程教育改革与发展经验

讲好我国工程教育发展的故事和经验,转变我国在与国际组织合作中的跟随者角色。长期以来,我国在与国际组织交流与合作中主要是学习者和跟随者的角色。与联合国教科文组织的长期紧密合作,为我国工程教育改革与发展提供了知识和经验支撑。2016 年,我国正式成为《华盛顿协议》的第 18 个成员国,标志着我国高等教育国际化水平的显著提高。近年来,我国在探索领跑世界工程教育的中国模式、中国经验的过程中,随着"卓越工程师培养计划"的深入实施,涌现出一批具有中国特色的工程教育改革与实践的典范。中国拥有广阔的工程实践沃土,拥有世界最大的工程教育规模。作为一个负责任的大国,未来,我国在与国际组织的合作中要逐步从受援者、跟随者的角

色转变为施援者和引领者的角色,不仅要在全球分享"一带一路"倡议和人类命运共同体理念,还要向世界贡献工程教育改革与实践的中国模式和经验。

(三)推进国际组织工程教育合作平台建设

重视我国与国际组织的合作平台建设,将国际工程教育中心打造为我国工程教育国际交流与合作的示范性平台。国际工程教育中心,作为联合国教科文组织的二类机构,在推动我国与国际组织的交流与合作中起到了关键作用。我国与国际组织共商工程教育国际标准、合作开展工程教育研究、联合举办工程教育国际会议、共同支持工程教育知识服务等主要合作实践能够顺利实施均有赖于国际工程教育中心功能的充分发挥。国际工程教育中心不仅是我国与国际组织人员往来的平台,也是工程教育前沿思想观点交汇的思想库和各类工程教育资源汇集的知识库,更是向世界展示和传播我国工程教育改革与实践经验的重要窗口和载体。国际工程教育中心秉持人类命运共同体理念,致力于构建"平等、包容、发展、共赢"的全球工程教育伙伴关系与合作网络。未来,应持续加强资源投入和政策支持,将国际工程教育中心打造成工程教育国际合作的示范性平台,巩固和扩大我国与国际组织的现有合作网络。

(四)充分发挥高校国际组织合作的优势

充分发挥高校在国际组织交流与合作中的重要推动作用。国际交流与合作是高校的重要功能之一,也是提升大学国际影响力和知名度的主要途径。国际工程教育中心与国际组织的合作实践经验表明,我国与国际组织的交流与合作,离不开高校的大力支持和积极参与。清华大学为国际工程教育中心的成立提供了重要支持,积极参与我国与国际组织的对话交流、合作研究、联合活动等,为我国与国际组织开展交流与合作提供了平台及各类资源支持。高校是培养卓越工程师的摇篮,是探索重大工程科技的前沿阵地,在与国际组织的交流合作中具有天然的优势。面向未来,要进一步发挥高校在国际组织交流与合作中的重要推动作用,不断拓展我国工程教育全球合作网络。

(五)加快国际组织专业人才的培养和输送

加快国际组织专业人才的培养和输送,为我国与国际组织的合作提供人力资源基础。随着我国与联合国教科文组织、世界工程组织联合会、国际工程联盟等国际组织的合作持续深入,国际组织专业人才短缺的现象十分突出。目前,我国在国际组织中的专业人才数量不足,在国际组织中就职的高级管理人员数量更少,特别是精通工程教育、熟悉国际规则的战略性人才严重短缺。截至 2015 年,我国在联合国教科文组织的国际职员配额仅从 20 世纪 90 年代的 8 名增至 17 或 18 名。这个增量与我国作为经济、政治大国的国际地位严重不匹配,与西方发达国家的国际职员人数存在较大差距。[17] 加强我国与国际组织在工程教育领域的合作,需要一大批熟悉党和国家方针政策、了解我国国情、具备全球视野下的工程和教育背景、熟练运用外语、通晓国际规则、精通国际谈判的工程教育专业人才。因此,要加快国际组织人才的培养和输送,为我国与国际组织的合作提供人力资源基础。

参考文献

[1] 中国政府网.习近平:高举中国特色社会主义伟大旗帜为全面建设社会主义现代化国家而团结奋斗——在中国共产党第二十次全国代表大会上的报告[EB/OL].(2022-10-25)[2023-04-16].http://www.gov.cn/xinwen/2022-10/25/content_5721685.htm.

[2] 雷环,田慧君,王孙禹."双一流"建设与工程教育研究[J].中国大学教学,2017(12):29.

[3] 顾明远,滕珺.后疫情时代教育国际交流与合作的新挑战与新机遇[J].比较教育研究,2020,42(9):5.

[4] 张梦琦,刘宝存.高等教育国际合作的理论困境与现实出路:推进"一带一路"建设的视角[J].国家教育行政学院学报,2019(8):39.

[5] 芬尼莫尔 M.国际社会中的国家利益[M].袁正清,译.上海:上海人民出版社,2012:3-16.

[6] 钱易.面向可持续发展的工程教育[J].中国大学教学,2016(3):9.

[7] CHEN H, WANG S, LI Y. Aligning Engineering Education for Sustainable Development through Governance:The Case of the International Center for Engineering Education in China[J]. Sustainability,2022,14(21):14643. https://doi.org/10.3390/su142114643.

[8] IEA, UNESCO & WFEO Collaboration[EB/OL].[2021-12-10]. https://www.ieagreements.org/about-us/iea-unesco-and-wfeo-collaboration/.

[9] UNESCO. Engineering for Sustainable Development:Delivering on the Sustainable Development Goals.2021[EB/OL].[2021-12-26]. https://en.unesco.org/reports/engineering.

[10] The First International Forum on Engineering Education[EB/OL].[2021-12-10]. https://www.ioe.tsinghua.edu.cn/info/1195/1917.htm.

[11] The 2nd International Forum of Engineering Education (IFEE 2020)[EB/OL].[2021-12-10]. http://www.icee-unesco.org/news/50.

[12] 陈会民,田慧君,王孙禹.计算机微专业国际项目的实施与发展:以疫情期间的实践为例[J].现代教育技术,2021,31(1):122.

[13] 陈会民,田慧君,王孙禹."一带一路"沿线国家工科大学生中国在线教育的选择动因及学习效果[J].高等工程教育研究,2022(2):100-104.

[14] 王中奎,吕杰昕.国际组织落驻后可持续发展面临的挑战与应对方略:以联合国教科文组织二类中心为例[J].教育发展研究,2021,41(Z1):118.

[15] 以加入《华盛顿协议》为契机积极参与工程教育国际治理[EB/OL].(2022-11-18)[2022-12-10].http://yxgzal.cast.org.cn/art/2022/11/18/art_1747_203032.html.

[16] 刘铁娃.中国与联合国教科文组织的合作:从学习者到引领者[J].社会科学,2020(4):28.

[17] 阿不拉江娜迪拉,段世飞.全球教育治理视域下我国参与国际教育规则制定的困境与突围[J].重庆高教研究,2020,8(4):114.

The Path and Experience of Engineering Education Cooperation Between China and International Organizations

Chen Huimin, Wang Sunyu

Abstract: International organizations, as global communicators and policy coordinators, play an important role in international exchanges and cooperation. In the era of great changes, international competition is becoming increasingly fierce, making science and technology cooperation between countries more difficult. Facing the challenge of new sci-tech revolution and industrial transformation, strengthening cooperation with international organizations in the field of engineering education is an effective way to enhance the international influence of China's engineering education and build a powerful country in engineering education. This article first analyzes the practical needs and foundations of engineering education cooperation between China and international organizations from the perspective of international relations. Then, taking the International Engineering Education Center as an example, five major paths for cooperation in engineering education between China and international organizations are constructed and their effectiveness explored. Finally, based on the practical experience of the International Engineering Education Center, suggestions are proposed to promote the cooperation between China and international organizations in the field of engineering education.

Keywords: International Organizations; Engineering Education; International Cooperation